Namenwörter (Nomen)

Ordne die Namenwörter (Nomen).

die Freiheit	die Katze	das Messer	die Qual
die Zukunft	der Vater	die Brille	das Reh
der Frieden	die Angst	der Teller	die Nuss
der Hunger	der Käfer	die Hitze	der Pilz
der Wecker	das Glück	der Durst	der Arzt
die Gefahr	der Vogel	der Schreck	der Spaß

Konkrete Namenwörter (Nomen)

Menschen, Tiere, Pflanzen, Dinge

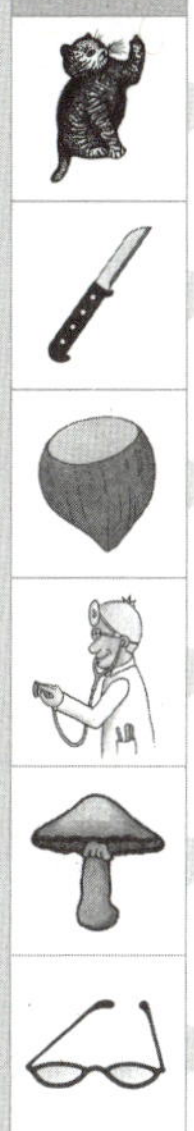

die Katze
das Messer
die Nuss
der Arzt
der Pilz
die Brille

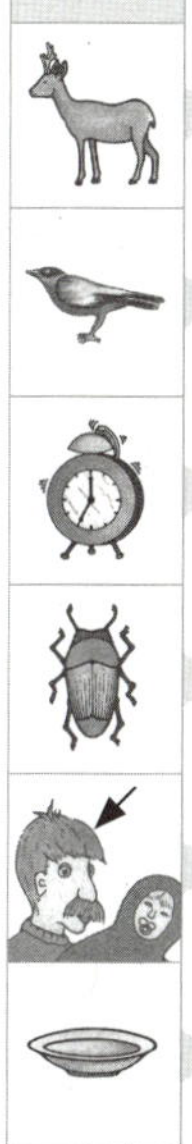

das Reh
der Vogel
der Wecker
der Käfer
der Vater
der Teller

Abstrakte Namenwörter (Nomen)

Man kann es nur fühlen oder sich vorstellen.

die Freiheit
die Zukunft
die Angst
die Hitze
der Durst
der Schreck

die Qual
der Frieden
der Hunger
das Glück
die Gefahr
der Spaß

! Als Hinweis für Kinder hilfreich: Menschen, Tiere, Pflanzen und Dinge kann man sehen, anfassen und/oder malen.

Namenwörter (Nomen)

Ordne die Namenwörter (Nomen).

die Melodie	der Stuhl	das Lied	das Geschrei
der Geruch	der Mann	der Igel	das Mädchen
das Gebell	die Tanne	das Bett	die Schärfe
der Fuchs	das Blatt	die Eule	der Gestank
die Straße	die Vase	der Duft	der Gesang
der Donner	die Tasse	der Lärm	das Geräusch

Konkrete Namenwörter (Nomen) Menschen, Tiere, Pflanzen, Dinge

 der Stuhl

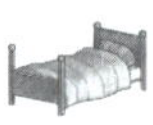 das Bett

 das Mädchen

 die Eule

 die Straße

 das Blatt

 die Vase

 der Fuchs

 die Tasse

 der Mann

 der Igel

 die Tanne

Abstrakte Namenwörter (Nomen) Man kann es nur hören, riechen oder schmecken.

die Melodie
das Geschrei
das Gebell
der Gestank
der Gesang
der Lärm

das Lied
der Geruch
die Schärfe
der Duft
der Donner
das Geräusch

Namenwörter (Nomen)

Kreuze an.

Welches konkrete Namenwort (Nomen) gehört zu dem Bereich „Menschen“?

☒ Vater ☐ Tee ☐ Fluss ☐ Draht

Welches konkrete Namenwort (Nomen) gehört zu dem Bereich „Tiere“?

☐ Schlüssel ☐ Magnet ☒ Fuchs ☐ Müll

Welches konkrete Namenwort (Nomen) gehört zu dem Bereich „Pflanzen“?

☒ Moos ☐ Theater ☐ Messer ☐ Taxi

Welches konkrete Namenwort (Nomen) gehört zu dem Bereich „Dinge“?

☐ Lehrer ☐ Bäcker ☒ Spiegel ☐ Arzt

Es ist ein abstraktes Namenwort (Nomen). Man kann es nur „hören“.

☐ Bett ☒ Geräusch ☐ Zeugnis ☐ Steuer

Es ist ein abstraktes Namenwort (Nomen). Man kann ihn nur „riechen“.

☐ Wecker ☒ Duft ☐ Teddy ☐ Pass

Es ist ein abstraktes Namenwort (Nomen). Man kann sie nur „schmecken“.

☐ Höhle ☐ Maschine ☒ Schärfe ☐ Tasse

Es ist ein abstraktes Namenwort (Nomen). Man kann sie sich nur „vorstellen“.

☐ Tanne ☐ Zeitung ☒ Zukunft ☐ Brille

Es ist ein abstraktes Namenwort (Nomen). Man kann sie nur „fühlen“.

☒ Freude ☐ Brücke ☐ Fichte ☐ Stadt

Was kann man nicht sehen und anfassen?

☐ Menschen ☐ Tiere ☐ Pflanzen ☐ Dinge ☒ Gefühle

Schreibe die Mehrzahl.

	die Tasse	n		die Spitze	n
die	Tassen		die	Spitzen	
	die Brücke	n		die Höhle	n
die	Brücken		die	Höhlen	
	die Tanne	n		die Vase	n
die	Tannen		die	Vasen	
	die Brille	n		die Straße	n
die	Brillen		die	Straßen	
	die Träne	n		die Ecke	n
die	Tränen		die	Ecken	
	die Maschine	n		die Nummer	n
die	Maschinen		die	Nummern	
	der Stuhl	e		der Beruf	e
die	Stühle		die	Berufe	
	der Blitz	e		das Boot	e
die	Blitze		die	Boote	
	das Gefühl	e		der Verein	e
die	Gefühle		die	Vereine	
	das Gesetz	e		der Fuchs	e
die	Gesetze		die	Füchse	
	der Text	e		das Beispiel	e
die	Texte		die	Beispiele	
	das Ziel	e		das Geschäft	e
die	Ziele		die	Geschäfte	

! Kinder mit Schwierigkeiten bei der Mehrzahlbildung können sich an den Hilfen in den Graufeldern orientieren.

Schreibe die Mehrzahl.

	das Bett	en		die Gefahr	en
die	Betten		die	Gefahren	
	die Bahn	en		die Freiheit	en
die	Bahnen		die	Freiheiten	
	die Wahl	en		die Qual	en
die	Wahlen		die	Qualen	
	das Lied	er		das Handy	s
die	Lieder		die	Handys	
	das Taxi	s		das Radio	s
die	Taxis		die	Radios	
	der Fehler	=		das Messer	=
die	Fehler		die	Messer	
	der Teller	=		der Löffel	=
die	Teller		die	Löffel	
	der Lehrer	=		das Feuer	=
die	Lehrer		die	Feuer	
	das Rätsel	=		der Schalter	=
die	Rätsel		die	Schalter	
	der Spiegel	=		der Schlüssel	=
die	Spiegel		die	Schlüssel	

Kreuze an.

Namenwörter (Nomen) gibt es in der Einzahl und Mehrzahl.	☒ ja	☐ nein
Der Begleiter (Artikel) in der Mehrzahl ist die.	☒ ja	☐ nein

Namenwörter (Nomen)

Kreuze die Namenwörter (Nomen) an und schreibe sie groß.

☒ ecke	☒ fehler	☐ spät	☒ spiegel
Ecke	Fehler	Spiegel	
☒ stuhl	☒ lehrer	☐ fleißig	☒ gesetz
Stuhl	Lehrer	Gesetz	
☒ durst	☐ sauer	☒ blitz	☒ stadt
Durst	Blitz	Stadt	
☒ träne	☒ straße	☒ verein	☐ groß
Träne	Straße	Verein	
☒ käfig	☒ rätsel	☐ bequem	☒ tasse
Käfig	Rätsel	Tasse	
☐ dumm	☒ boot	☒ müll	☒ fuchs
Boot	Müll	Fuchs	
☒ draht	☐ ehrlich	☒ kuss	☒ sturm
Draht	Kuss	Sturm	
☒ krieg	☒ heizung	☐ frei	☒ magnet
Krieg	Heizung	Magnet	
☒ glück	☒ donner	☒ zeitung	☐ wichtig
Glück	Donner	Zeitung	
☒ lärm	☒ bett	☒ strand	☐ rechts
Lärm	Bett	Strand	
☒ handy	☐ süß	☒ höhle	☒ schatten
Handy	Höhle	Schatten	
☐ dick	☒ gewitter	☒ messer	☒ löffel
Gewitter	Messer	Löffel	

! Die Verfahren zum Erkennen von Namenwörtern (Nomen) sollten den Kindern bekannt sein.

Namenwörter (Nomen)

Kreuze die Namenwörter (Nomen) an und schreibe sie groß.

☒ radio	☒ ziel	☒ tanne	☐ brav
Radio	Ziel	Tanne	
☐ besser	☒ dreck	☒ zukunft	☒ taxi
Dreck	Zukunft	Taxi	
☒ flugzeug	☐ bestimmt	☒ geschäft	☒ land
Flugzeug	Geschäft	Land	
☒ kompass	☒ clown	☐ häufig	☒ lied
Kompass	Clown	Lied	
☒ arzt	☐ dünn	☒ gebäude	☒ wald
Arzt	Gebäude	Wald	
☒ angst	☒ urlaub	☒ schlüssel	☐ treu
Angst	Urlaub	Schlüssel	
☐ bloß	☒ hitze	☒ zeugnis	☒ vase
Hitze	Zeugnis	Vase	
☒ fluss	☒ brücke	☒ qual	☐ ohne
Fluss	Brücke	Qual	
☒ traum	☐ kühl	☒ nummer	☒ paket
Traum	Nummer	Paket	
☒ frieden	☒ moos	☐ fertig	☒ strom
Frieden	Moos	Strom	
☐ deutlich	☒ reh	☒ päckchen	☒ geruch
Reh	Päckchen	Geruch	
☐ vielleicht	☒ maschine	☒ stoff	☒ natur
Maschine	Stoff	Natur	

Zusammengesetzte Namenwörter (Nomen)

Bilde zusammengesetzte Namenwörter (Nomen) und schreibe sie groß.

Spiegel + Bild	Spiegelbild	Wald + Brand	Waldbrand
Tee + Tasse	Teetasse	Geld + Stück	Geldstück
Baum + Stamm	Baumstamm	See + Hund	Seehund
Nacht + Ruhe	Nachtruhe	Natur + Schutz	Naturschutz
Herbst + Laub	Herbstlaub	Land + Straße	Landstraße
Vogel + Käfig	Vogelkäfig	Handy + Vertrag	Handyvertrag
Sand + Strand	Sandstrand	Computer + Spiel	Computerspiel
Kopf + Ball	Kopfball	Draht + Korb	Drahtkorb
Schnee + Sturm	Schneesturm	Angst + Hase	Angsthase
Sonnen + Brille	Sonnenbrille	Taschen + Messer	Taschenmesser
Zungen + Spitze	Zungenspitze	Straßen + Bahn	Straßenbahn
Augen + Blick	Augenblick	Lieder + Buch	Liederbuch

Zusammengesetzte Namenwörter (Nomen)

Bilde zusammengesetzte Namenwörter (Nomen) und schreibe sie groß.

Boots + Haus	Geburts + Tag
Bootshaus	Geburtstag
Gesichts + Creme	Advents + Kranz
Gesichtscreme	Adventskranz
Freiheits + Drang	Geschäfts + Zeit
Freiheitsdrang	Geschäftszeit
Eingangs + Tür	Nahrungs + Mittel
Eingangstür	Nahrungsmittel
Heizungs + Rohr	Zeitungs + Papier
Heizungsrohr	Zeitungspapier
Führungs + Tor	Lieblings + Buch
Führungstor	Lieblingsbuch
Zwillings + Bruder	Berufs + Wunsch
Zwillingsbruder	Berufswunsch
Schiffs + Reise	Urlaubs + Zeit
Schiffsreise	Urlaubszeit
Kuckucks + Ei	Glücks + Tag
Kuckucksei	Glückstag
Hungers + Not	Verkehrs + Schild
Hungersnot	Verkehrsschild
Kriegs + Ende	Friedens + Taube
Kriegsende	Friedenstaube
Esels + Ohr	Liebes + Lied
Eselsohr	Liebeslied

! Das Fugen-s ist das am häufigsten vorkommende Fugenzeichen. Es vereinfacht die Aussprache der Wörter.

Zusammengesetzte Namenwörter (Nomen)

Bilde zusammengesetzte Namenwörter (Nomen) und schreibe sie groß.

hoch	+	Bett	alt	+	Papier
Hochbett			Altpapier		
glatt	+	Eis	wild	+	Schwein
Glatteis			Wildschwein		
bunt	+	Stift	kühl	+	Schrank
Buntstift			Kühlschrank		
klein	+	Stadt	frisch	+	Käse
Kleinstadt			Frischkäse		
weiß	+	Brot	warm	+	Wasser
Weißbrot			Warmwasser		
geheim	+	Sprache	voll	+	Mond
Geheimsprache			Vollmond		
groß	+	Vater	blau	+	Beere
Großvater			Blaubeere		
schnell	+	Straße	stark	+	Strom
Schnellstraße			Starkstrom		
jung	+	Tier	nah	+	Verkehr
Jungtier			Nahverkehr		
neu	+	Wagen	weit	+	Sprung
Neuwagen			Weitsprung		
frei	+	Karte	grün	+	Specht
Freikarte			Grünspecht		
klein	+	Kind	heiß	+	Hunger
Kleinkind			Heißhunger		

Zusammengesetzte Namenwörter (Nomen)

Bilde zusammengesetzte Namenwörter (Nomen) und schreibe sie groß.

hüpfen	+	Ball	springen	+	Seil
Hüpfball			Springseil		
schreiben	+	Tisch	singen	+	Vogel
Schreibtisch			Singvogel		
nähen	+	Maschine	kriechen	+	Tier
Nähmaschine			Kriechtier		
reiten	+	Pferd	turnen	+	Schuh
Reitpferd			Turnschuh		
spielen	+	Platz	impfen	+	Pass
Spielplatz			Impfpass		
schimpfen	+	Wort	boxen	+	Kampf
Schimpfwort			Boxkampf		
gehen	+	Weg	fahren	+	Rad
Gehweg			Fahrrad		
sparen	+	Buch	sehen	+	Fehler
Sparbuch			Sehfehler		
trinken	+	Becher	stricken	+	Mütze
Trinkbecher			Strickmütze		
klettern	+	Gerüst	schaukeln	+	Stuhl
Klettergerüst			Schaukelstuhl		
lesen	+	Buch	raten	+	Spiel
Lesebuch			Ratespiel		
baden	+	Anzug	zeigen	+	Finger
Badeanzug			Zeigefinger		

Unterstreiche Satzanfänge und Namenwörter (Nomen) und schreibe richtig.

- opa singt lieder und oma schimpft über den lärm. 4
- papa wünscht den menschen freiheit und frieden. 4
- unter einem dach fanden wir schutz vor der hitze. 4
- viele menschen in afrika haben hunger und durst. 5
- heiner ist schreiner. seine arbeit macht ihm spaß. 5
- jeder streit ist eine qual. in der ruhe liegt die kraft. 6

Papa wünscht sich was.

Papa wünscht den Menschen Freiheit und Frieden.

Viele Menschen in Afrika haben Hunger und Durst.

Opa singt Lieder und Oma schimpft über den Lärm.

Jeder Streit ist eine Qual. In der Ruhe liegt die Kraft.

Unter einem Dach fanden wir Schutz vor der Hitze.

Heiner ist Schreiner. Seine Arbeit macht ihm Spaß.

! Die unterstrichene graue Zahl zeigt die Anzahl der Großschreibungen an.

Schreibe die Texte auf Seite 14 neben die passenden Bilder.

X	Oma hat den Traum von einer Zukunft ohne Kriege.
X	Die Kinder haben mit viel Fleiß und Freude gelernt.
X	Vorsicht! Im Straßenverkehr lauern viele Gefahren!
X	Zum Glück riechen die Füße nicht mehr nach Käse.
X	Nach einem Schreck ergreifen alle Rehe die Flucht.
X	Jeder Mensch kennt das Gefühl der Angst oder Wut.
X	Pia liebt den Geruch und die Schärfe von Zwiebeln.
X	Oma hat keine Angst vor Schmerzen beim Zahnarzt.
X	Im Ziel schickt der Sieger einen Gruß an seine Mutti.

Markiere Trennstellen und schreibe die Wörter getrennt auf. 5

Be|ruf	Spaß	Ge|fahr	Frei|heit
Traum	Lärm	Ge|ruch	Zu|kunft
Glück	Gruß	Freu|de	Schär|fe

Be-ruf	Ge-ruch
Spaß	Zu-kunft
Ge-fahr	Glück
Frei-heit	Gruß
Traum	Freu-de
Lärm	Schär-fe

! Die Zahl in dem hellroten Kästchen zeigt die Anzahl nicht trennbarer Wörter an.

Schreibe die Texte von Seite 13 neben die passenden Bilder.

Vorsicht! Im Straßenverkehr lauern viele Gefahren!

Oma hat den Traum von einer Zukunft ohne Kriege.

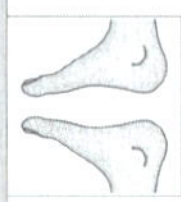

Zum Glück riechen die Füße nicht mehr nach Käse.

Pia liebt den Geruch und die Schärfe von Zwiebeln.

Die Kinder haben mit viel Fleiß und Freude gelernt.

Im Ziel schickt der Sieger einen Gruß an seine Mutti.

Nach einem Schreck ergreifen alle Rehe die Flucht.

Jeder Mensch kennt das Gefühl der Angst oder Wut.

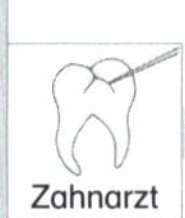

Oma hat keine Angst vor Schmerzen beim Zahnarzt.

-heit

Ordne die Namenwörter (Nomen) mit dem Wortbaustein -heit zu.

Doofheit	Schlauheit	Blindheit	Seltenheit
Freiheit	Dummheit	Krankheit	Schönheit
Klarheit	Dunkelheit	Wahrheit	Gesundheit
Faulheit	Sicherheit	Frechheit	Trockenheit

	doof		schlau
die	Doofheit	die	Schlauheit
	blind		selten
die	Blindheit	die	Seltenheit
	frei		dumm
die	Freiheit	die	Dummheit
	krank		schön
die	Krankheit	die	Schönheit
	klar		dunkel
die	Klarheit	die	Dunkelheit
	wahr		gesund
die	Wahrheit	die	Gesundheit
	faul		sicher
die	Faulheit	die	Sicherheit
	frech		trocken
die	Frechheit	die	Trockenheit

Kreuze an.

Wörter mit dem Wortbaustein -heit sind

☐ Tunwörter (Verben). ☐ Wiewörter (Adjektive). ☒ Namenwörter (Nomen).

-keit

Ordne die Namenwörter (Nomen) mit dem Wortbaustein **-keit** zu.

Einsamkeit	Heiterkeit	Langsamkeit	Sauberkeit
Ähnlichkeit	Ehrlichkeit	Fröhlichkeit	Ängstlichkeit
Flüssigkeit	Schwierigkeit	Wichtigkeit	Häufigkeit
Süßigkeit	Schnelligkeit	Kleinigkeit	Feuchtigkeit

einsam		heiter	
die	Einsamkeit	die	Heiterkeit
langsam		**sauber**	
die	Langsamkeit	die	Sauberkeit
ähnlich		**ehrlich**	
die	Ähnlichkeit	die	Ehrlichkeit
fröhlich		**ängstlich**	
die	Fröhlichkeit	die	Ängstlichkeit
flüssig		**schwierig**	
die	Flüssigkeit	die	Schwierigkeit
wichtig		**häufig**	
die	Wichtigkeit	die	Häufigkeit
süß		**schnell**	
die	Süßigkeit	die	Schnelligkeit
klein		**feucht**	
die	Kleinigkeit	die	Feuchtigkeit

Kreuze an.

Wörter mit dem Wortbaustein -keit sind

☐ Tunwörter (Verben). ☐ Wiewörter (Adjektive). ☒ Namenwörter (Nomen).

-ung

Ordne die Namenwörter (Nomen) mit dem Wortbaustein -ung zu.

Kreuzung	Wohnung	Heizung	Zeichnung
Impfung	Entfernung	Bedienung	Herstellung
Erwartung	Erklärung	Erzählung	Ernährung
Führung	Beobachtung	Sammlung	Entwicklung

kreuzen	wohnen
die Kreuzung	die Wohnung
heizen	**zeichnen**
die Heizung	die Zeichnung
impfen	**entfernen**
die Impfung	die Entfernung
bedienen	**herstellen**
die Bedienung	die Herstellung
erwarten	**erklären**
die Erwartung	die Erklärung
erzählen	**ernähren**
die Erzählung	die Ernährung
führen	**beobachten**
die Führung	die Beobachtung
sammeln	**entwickeln**
die Sammlung	die Entwicklung

Kreuze an.

Wörter mit dem Wortbaustein -ung sind

☐ Tunwörter (Verben). ☐ Wiewörter (Adjektive). ☒ Namenwörter (Nomen).

Unterstreiche Satzanfänge und Namenwörter (Nomen) und schreibe richtig.

☒	die wand ist feucht. feuchtigkeit schadet wänden.	4
☒	das wasser ist flüssig. wasser ist eine flüssigkeit.	4
☒	fröhliche kinder bringen fröhlichkeit in die schule.	4
☒	der test ist zu schwierig. tina hat schwierigkeiten.	4
☒	fische sind nicht süß. ein fisch ist keine süßigkeit.	4
☒	dieser delfin ist frei. delfine brauchen die freiheit.	4

Wasser

Das Wasser ist flüssig. Wasser ist eine Flüssigkeit.

Tinas Test ist schwer!

Der Test ist zu schwierig. Tina hat Schwierigkeiten.

Fisch ist nicht süß.

Fische sind nicht süß. Ein Fisch ist keine Süßigkeit.

Die Wand ist feucht. Feuchtigkeit schadet Wänden.

Fröh-lich-keit

Fröhliche Kinder bringen Fröhlichkeit in die Schule.

Dieser Delfin ist frei. Delfine brauchen die Freiheit.

Schreibe die Texte auf Seite 20 neben die passenden Bilder.

X	Wir heizen nicht immer. Bei Kälte läuft die Heizung.	-ung
X	Lea sammelt alte Socken. Ihre Sammlung ist riesig.	-ung
X	Wir führen mit 9:0. Die Führung ist nicht unverdient.	-ung
X	Erni erzählt im Sitzkreis. Seine Erzählung ist lustig.	-ung
X	Ritter kreuzen ihre Schwerter nahe einer Kreuzung.	-ung
X	Der Arzt impft. Er trägt die Impfung im Impfpass ein.	-ung
X	Die Babys entwickeln sich. Ihre Entwicklung ist toll.	-ung
X	Berti stellt Boote her. Die Herstellung dauert lange.	-ung
X	Erna entfernt Flecken. Die Entfernung ist schwierig.	-ung

Markiere Trennstellen und schreibe die Wörter getrennt auf. *0*

Ehr|lich|keit	Feuch|tig|keit	Sü|ßig|keit	Ängst|lich|keit
Schön|heit	Ge|sund|heit	Blind|heit	Dun|kel|heit
Zeich|nung	Ent|fer|nung	Er|war|tung	Wan|de|rung

Ehr-lich-keit — Feuch-tig-keit
Sü-ßig-keit — Ängst-lich-keit
Schön-heit — Ge-sund-heit
Blind-heit — Dun-kel-heit
Zeich-nung — Ent-fer-nung
Er-war-tung — Wan-de-rung

! Neben den Abschreibsätzen wird jeweils auf den rechtschreiblichen Schwerpunkt verwiesen.

Abschreiben

Schreibe die Texte von Seite 19 neben die passenden Bilder.

Wir führen mit 9:0. Die Führung ist nicht unverdient.

Ritter kreuzen ihre Schwerter nahe einer Kreuzung.

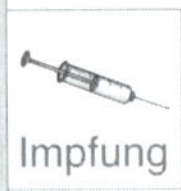

Der Arzt impft. Er trägt die Impfung im Impfpass ein.

Lea sammelt alte Socken. Ihre Sammlung ist riesig.

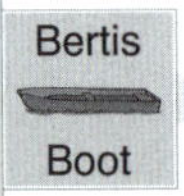

Berti stellt Boote her. Die Herstellung dauert lange.

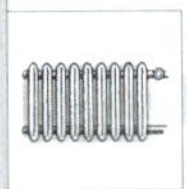
Wir heizen nicht immer. Bei Kälte läuft die Heizung.

Erni erzählt im Sitzkreis. Seine Erzählung ist lustig.

Erna entfernt Flecken. Die Entfernung ist schwierig.

Die Babys entwickeln sich. Ihre Entwicklung ist toll.

Ordne die Namenwörter (Nomen) mit dem Wortbaustein -e zu.

Länge	Höhle	Stille	Glätte
Nässe	Stärke	Tiefe	Fremde
Nähe	Wärme	Spitze	Schärfe
Spritze	Stimme	Wiege	Skizze

lang		hohl	
die	Länge	die	Höhle
still		**glatt**	
die	Stille	die	Glätte
nass		**stark**	
die	Nässe	die	Stärke
tief		**fremd**	
die	Tiefe	die	Fremde
nah		**warm**	
die	Nähe	die	Wärme
spitz		**scharf**	
die	Spitze	die	Schärfe
spritzen		**stimmen**	
die	Spritze	die	Stimme
wiegen		**skizzieren**	
die	Wiege	die	Skizze

Kreuze an.

Der Wortbaustein -e verwandelt manche Tunwörter (Verben) und Wiewörter (Adjektive) in

☐ Begleiter (Artikel). ☐ Ausrufezeichen. ☒ Namenwörter (Nomen).

-er

Ordne die Namenwörter (Nomen) mit dem Wortbaustein -er zu.

Bohrer	Wähler	Fehler	Verlierer
Boxer	Stecker	Sieger	Gewinner
Öffner	Schalter	Bäcker	Fernseher
Mixer	Wecker	Lehrer	Kletterer

bohren	wählen
der Bohrer	der Wähler
fehlen	**verlieren**
der Fehler	der Verlierer
boxen	**stecken**
der Boxer	der Stecker
siegen	**gewinnen**
der Sieger	der Gewinner
öffnen	**schalten**
der Öffner	der Schalter
backen	**fernsehen**
der Bäcker	der Fernseher
mixen	**wecken**
der Mixer	der Wecker
lehren	**klettern**
der Lehrer	der Kletterer

Kreuze an.

Der Wortbaustein -er verwandelt manche Tunwörter (Verben) in

☐ Begleiter (Artikel). ☐ Wiewörter (Adjektive). ☒ Namenwörter (Nomen).

d oder t

d oder t? Verlängere zuerst.

Einzahl	d oder t	Mehrzahl
der Abend	d	die Abende
der Stift	t	die Stifte
das Quadrat	t	die Quadrate
das Feld	d	die Felder
das Land	d	die Länder
das Paket	t	die Pakete
das Bild	d	die Bilder
der Brand	d	die Brände
das Geschäft	t	die Geschäfte
das Boot	t	die Boote
der Mund	d	die Münder
das Schwert	t	die Schwerter
das Rad	d	die Räder
das Kind	d	die Kinder
der Strand	d	die Strände
der Arzt	t	die Ärzte
das Hemd	d	die Hemden
das Gesicht	t	die Gesichter
das Lied	d	die Lieder
das Kleid	d	die Kleider
der Rekord	d	die Rekorde
der Text	t	die Texte
der Wald	d	die Wälder
das Schild	d	die Schilder
der Hund	d	die Hunde
das Pferd	d	die Pferde
der Monat	t	die Monate
die Hand	d	die Hände
das Geld	d	die Gelder
das Licht	t	die Lichter

g oder k? Verlängere zuerst.

das Getränk — g (k)	das Spielzeug — (g) k	das Fahrzeug — (g) k
die Getränke	die Spielzeuge	die Fahrzeuge
der Weg — (g) k	der Zwerg — (g) k	das Geschenk — g (k)
die Wege	die Zwerge	die Geschenke
der Tag — (g) k	der Krieg — (g) k	der Katalog — (g) k
die Tage	die Kriege	die Kataloge
der Zug — (g) k	der Mittag — (g) k	der Schrank — g (k)
die Züge	die Mittage	die Schränke
der Berg — (g) k	der Zweig — (g) k	die Fabrik — g (k)
die Berge	die Zweige	die Fabriken
der Krug — (g) k	der Erfolg — (g) k	der Ausflug — (g) k
die Krüge	die Erfolge	die Ausflüge
die Bank — g (k)	die Burg — (g) k	der Umzug — (g) k
die Bänke	die Burgen	die Umzüge

b oder p? Verlängere zuerst.

der Stab — (b) p	das Sieb — (b) p	der Urlaub — (b) p
die Stäbe	die Siebe	die Urlaube
der Dieb — (b) p	der Korb — (b) p	das Kalb — (b) p
die Diebe	die Körbe	die Kälber

d oder t | g oder k | b oder p

d oder t? Verlängere zuerst.

bun t	d	(t)	gesun d	(d)	t
ein buntes T-Shirt			ein gesundes Frühstück		
har t	d	(t)	feuch t	d	(t)
eine harte Schale			ein feuchtes Tuch		
spä t	d	(t)	frem d	(d)	t
ein später Termin			eine fremde Frau		
gu t	d	(t)	blin d	(d)	t
ein guter Unterricht			ein blinder Mann		
wil d	(d)	t	run d	(d)	t
ein wildes Tier			ein runder Tisch		

g oder k? Verlängere zuerst.

kran k	g	(k)	klu g	(g)	k
ein krankes Reh			eine kluge Frage		
star k	g	(k)	schlan k	g	(k)
ein starker Ast			ein schlankes Kind		

b oder p? Verlängere zuerst.

trü b	(b)	p	lie b	(b)	p
ein trübes Gewässer			ein lieber Mensch		
hal b	(b)	p	gel b	(b)	p
eine halbe Pizza			eine gelbe Banane		

g oder k? Verlängere zuerst.

er schwei g t — g k	sie tan k t — g k	sie bewe g t — g k
wir schweigen	wir tanken	wir bewegen
er fol g t — g k	sie wie g t — g k	sie mer k t — g k
wir folgen	wir wiegen	wir merken
sie lie g t — g k	er pfle g t — g k	sie trin k t — g k
wir liegen	wir pflegen	wir trinken
sie bie g t — g k	er fra g t — g k	er dan k t — g k
wir biegen	wir fragen	wir danken
er den k t — g k	er sie g t — g k	es stin k t — g k
wir denken	wir siegen	wir stinken

b oder p? Verlängere zuerst.

sie pum p t — b p	er glau b t — b p	er schrei b t — b p
wir pumpen	wir glauben	wir schreiben
er ü b t — b p	er hu p t — b p	sie erle b t — b p
wir üben	wir hupen	wir erleben
sie to b t — b p	er he b t — b p	sie schie b t — b p
wir toben	wir heben	wir schieben
es le b t — b p	sie blei b t — b p	sie erlau b t — b p
wir leben	wir bleiben	wir erlauben

Schreibe die Tunwörter (Verben) in den verschiedenen Formen.

	lieben		fragen		zeigen	
	lieben	liebt	fragen	fragen	zeigt	zeigt
	liebst	liebt	frage	fragt	zeigen	zeige
	lieben	liebe	fragt	fragst	zeigen	zeigst

	lieben	fragen	zeigen
ich →	liebe	frage	zeige
du →	liebst	fragst	zeigst
er, sie, es →	liebt	fragt	zeigt
wir →	lieben	fragen	zeigen
ihr →	liebt	fragt	zeigt
sie →	lieben	fragen	zeigen

	erleben		erlauben	
	erlebst	erleben	erlaubt	erlauben
	erlebe	erleben	erlaube	erlaubst
	erlebt	erlebt	erlaubt	erlauben

	erleben	erlauben
ich →	erlebe	erlaube
du →	erlebst	erlaubst
er, sie, es →	erlebt	erlaubt
wir →	erleben	erlauben
ihr →	erlebt	erlaubt
sie →	erleben	erlauben

Wortfamilien

Ordne die Wörter zu Wortfamilien.				
fliegen	tragen	leben	ertragen	austragen
erleben	gelebt	Fliege	beleben	getragen
Ausflug	Flieger	es lebt	sie fliegt	du fliegst
es trägt	Beitrag	Trage	Erlebnis	Flugzeug
lebhaft	sie trug	Flügel	lebendig	du trägst
tragbar	er flog	Auftrag	du lebst	vertragen

Wortstamm TRAG

tragen	ertragen	austragen
getragen	es trägt	Beitrag
Trage	sie trug	du trägst
tragbar	Auftrag	vertragen

Wortstamm FLIEG

fliegen	Fliege	Ausflug
Flieger	sie fliegt	du fliegst
Flugzeug	Flügel	er flog

Wortstamm LEB

leben	erleben	gelebt
beleben	es lebt	Erlebnis
lebhaft	lebendig	du lebst

b oder p | d oder t | g oder k

b oder p, d oder t, g oder k? Verlängere zuerst.

die Wind jacke	die Winde	**d** oder t	der Siebdruck	die Siebe	**b** oder p	der Hemdkragen	die Hemden	**d** oder t
die Zugfahrt	die Züge	**g** oder k	die Paketpost	die Pakete	d oder **t**	der Waldlauf	die Wälder	**d** oder t
der Wegweiser	die Wege	**g** oder k	der Geldschein	die Gelder	**d** oder t	die Spielzeugbahn	die Spielzeuge	**g** oder k
das Brotmesser	die Brote	d oder **t**	die Drahtbürste	die Drähte	d oder **t**	der Fruchtsaft	die Früchte	d oder **t**
der Diebstahl	die Diebe	**b** oder p	der Bildschirm	die Bilder	**d** oder t	die Schranktür	die Schränke	g oder **k**
die Textstelle	die Texte	d oder **t**	die Landstraße	die Länder	**d** oder t	das Lichtzeichen	die Lichter	d oder **t**
der Korbstuhl	die Körbe	**b** oder p	die Kindheit	die Kinder	**d** oder t	die Fabrikhalle	die Fabriken	g oder **k**
die Zeltstange	die Zelte	d oder **t**	die Bergsteigerin	die Berge	**g** oder k	die Freundschaft	die Freunde	**d** oder t
der Tagträumer	die Tage	**g** oder k	der Mondschein	die Monde	**d** oder t	der Burggraben	die Burgen	**g** oder k
der Feldhase	die Felder	**d** oder t	der Zwergpudel	die Zwerge	**g** oder k	das Abendbrot	die Abende	**d** oder t

! Das Verlängern einzelner Wortteile sollte mit den Kindern besprochen werden.

b oder p, d oder t, g oder k? Verlängere zuerst.

das Kal t wasser das kalte Wasser	d oder (t)	der Star k strom der starke Strom	g oder (k)
das Al t papier das alte Papier	d oder (t)	das Billi g angebot das billige Angebot	(g) oder k
die Wil d katze die wilde Katze	(d) oder t	die Frem d sprache die fremde Sprache	(d) oder t
das Ferti g haus das fertige Haus	(g) oder k	das Hal b jahr das halbe Jahr	(b) oder p

b oder p, d oder t, g oder k? Verlängere zuerst.

das Schrei b heft wir schreiben	(b) oder p	die Bra t wurst wir braten	d oder (t)	der Trin k becher wir trinken	g oder (k)
der Rei b käse wir reiben	(b) oder p	die Tan k stelle wir tanken	g oder (k)	das Pum p werk wir pumpen	b oder (p)
der We b stuhl wir weben	(b) oder p	der Rau b ritter wir rauben	(b) oder p	die Den k aufgabe wir denken	g oder (k)
der Kle b stoff wir kleben	(b) oder p	der Bin d faden wir binden	(d) oder t	das Stin k tier wir stinken	g oder (k)
die Kne t masse wir kneten	d oder (t)	das Mer k buch wir merken	g oder (k)	der Schrei b tisch wir schreiben	(b) oder p

d oder t | g oder k | b oder p

d oder t, g oder k, b oder p? Verlängere zuerst.

jemand en	d oder t	jeman d	jemand
niemand en	d oder t	nieman d	niemand
hundert e	d oder t	hunder t	hundert
tausend e	d oder t	tausen d	tausend
mut ig	d oder t	der Mu t	der Mut
der Fried en	d oder t	frie d lich	friedlich
empfind en	d oder t	empfin d lich	empfindlich
verbiet en	d oder t	sie verbo t	sie verbot
schweig en	g oder k	er schwie g	er schwieg
wieg en	g oder k	es wo g	es wog
bieg en	g oder k	sie bo g	sie bog
wir zog en	g oder k	sie zo g	sie zog
mög en	g oder k	sie ma g	sie mag
geb en	b oder p	er ga b	er gab
schieb en	b oder p	er scho b	er schob
erleb en	b oder p	das Erle b nis	das Erlebnis
erlaub en	b oder p	die Erlau b nis	die Erlaubnis

Unterstreiche Satzanfänge und Namenwörter (Nomen) und schreibe richtig.

X	dieses flugzeug landet. andere flugzeuge starten. 4
X	omi kennt fast jedes land. sie bereiste *211* länder. 4
X	der strand ist sauber. viele strände sind es nicht. 4
X	der wald ist wichtig. wir müssen wälder schützen. 4
X	der krieg ist kein abenteuer! kriege sind schlimm! 4
X	der zwerg singt ein lied. die zwerge lieben lieder. 6

Der Strand ist sauber. Viele Strände sind es nicht.

Der Krieg ist kein Abenteuer! Kriege sind schlimm!

Der Zwerg singt ein Lied. Die Zwerge lieben Lieder.

Omi kennt fast jedes Land. Sie bereiste *211* Länder.

Dieses Flugzeug landet. Andere Flugzeuge starten.

Der Wald ist wichtig. Wir müssen Wälder schützen.

Schreibe die Texte auf Seite 34 neben die passenden Bilder.

X	Friedrich wünscht sich Frieden. Also ist er friedlich.	d oder t
X	Knorke sucht Zeugen. Wer entsorgte sein Zeugnis?	g oder k
X	Wir biegen Bögen. Wer jedoch bog je eine Banane?	g oder k
X	Pia möchte Früchte wiegen. Zuvor wog sie Gemüse.	g oder k
X	Wim wollte schweigen und schwieg für sechs Tage.	g oder k
X	Alle zogen die Schuhe an. Leo zog die Schuhe aus.	g oder k
X	Alle schieben das Auto an. Erst schob Oma alleine.	b oder p
X	Wir erleben viel. Nicht alle Erlebnisse behalten wir.	b oder p
X	Wir erlauben uns viel. Wer gab dafür die Erlaubnis?	b oder p

Markiere Trennstellen und schreibe die Wörter getrennt auf. 3

Ur|laub	je|mand	Er|leb|nis	Er|laub|nis
blind	Strand	Zeug|nis	Flug|zeug
Brand	tau|send	fried|lich	em|pfind|lich

Ur-laub	je-mand
Er-leb-nis	Er-laub-nis
blind	Strand
Zeug-nis	Flug-zeug
Brand	tau-send
fried-lich	em-pfind-lich

Schreibe die Texte von Seite 33 neben die passenden Bilder.

Friedrich wünscht sich Frieden. Also ist er friedlich.

Pia möchte Früchte wiegen. Zuvor wog sie Gemüse.

Knorke sucht Zeugen. Wer entsorgte sein Zeugnis?

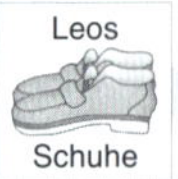

Alle zogen die Schuhe an. Leo zog die Schuhe aus.

Wim wollte schweigen und schwieg für sechs Tage.

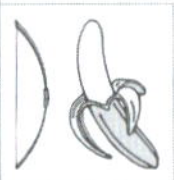

Wir biegen Bögen. Wer jedoch bog je eine Banane?

Alle schieben das Auto an. Erst schob Oma alleine.

Wer erlaubt uns das?

Wir erlauben uns viel. Wer gab dafür die Erlaubnis?

Wir erleben viel.

Wir erleben viel. Nicht alle Erlebnisse behalten wir.

Merkwörter mit X/x

Schreibe die Merkwörter mit X/x.

Nixe	Boxer	boxen	Text	Lexikon
Hexe	Experte	Mixer	Axt	Saxofon
extra	Mexiko	Praxis	Taxi	Xylofon

Nixe	Boxer	boxen
Text	Lexikon	Hexe
Experte	Mixer	Axt
Saxofon	extra	Mexiko
Praxis	Taxi	Xylofon

Trage die Merkwörter mit X/x in die Lücken ein.

Saxofon/Xylofon	Hexe/Taxi	Alexandra/Axel	Text/Mexiko
Experte/Lexikon	Praxis/extra	Max/Axt	mixen/Mixer

Theo schreibt einen Text über das Land Mexiko.

Saxofon und Xylofon sind Musikinstrumente.

Die Praxis von Dr. Husten hat extra lange geöffnet.

Alexandra und Axel sind Geschwister.

Auch der Experte schlägt im Lexikon nach.

Die kleine Hexe fährt mit einem Taxi zur Zauberschule.

Max hackt Holz für den Ofen mit einer scharfen Axt.

Mimi und Mia mixen Milchshakes mit einem Mixer.

! Mit bearbeiteten Lückentexten können Kinder das richtige Abschreiben üben.

Merkwörter mit V/v

Schreibe die Merkwörter mit V/v.

Adjektiv	Verb	Vogel	vier	vielleicht
Karneval	Vater	Klavier	brav	November
Vokabel	Vase	Vokal	voll	vollständig

Adjektiv	Verb	Vogel
vier	vielleicht	Karneval
Vater	Klavier	brav
November	Vokabel	Vase
Vokal	voll	vollständig

Trage die Merkwörter mit V/v in die Lücken ein.

Adjektiv/Verb	Vater/Vase	vier/Vokabeln	voll/vollständig
Vokal/Vögel	brav/Klavier	November/viel	Karneval/vielleicht

Vanessa lernt jeden Tag vier englische Vokabeln.

Ein Adjektiv ist ein Wiewort. Ein Verb ist ein Tunwort.

Veras Vater stellt viele Veilchen in eine violette Vase.

Ein Fass ist voll. Ein anderes ist vollständig leer.

Evi trägt Karneval vielleicht ein Affenkostüm.

Im November ist es meistens viel kälter als im Juli.

Der kleine Viktor übt jeden Tag brav auf dem Klavier.

Ein Vokal ist ein Selbstlaut. Vögel wissen das nicht.

Ver-/ver-

Schreibe die Wörter mit dem Wortbaustein Ver-/ver-.

verpacken	Verpackung	verstehen	Verstand	versuchen
Versuch	verbrennen	Verbrennung	verdienen	Verdienst
verbieten	Verbot	verkaufen	Verkauf	verbrauchen

verpacken	Verpackung	verstehen
Verstand	versuchen	Versuch
verbrennen	Verbrennung	verdienen
Verdienst	verbieten	Verbot
verkaufen	Verkauf	verbrauchen

Bilde sinnvolle Tunwörter (Verben) mit dem Wortbaustein ver-.

ver-	☐ -streicheln	☒ -schlafen	☒ -brauchen	☒ -kaufen
	verschlafen	verbrauchen	verkaufen	
ver-	☒ -dienen	☒ -folgen	☒ -suchen	☐ -impfen
	verdienen	verfolgen	versuchen	
ver-	☒ -laufen	☐ -brüllen	☒ -ändern	☒ -bieten
	verlaufen	verändern	verbieten	
ver-	☒ -packen	☐ -schützen	☒ -raten	☒ -stehen
	verpacken	verraten	verstehen	
ver-	☒ -reisen	☒ -lieben	☐ -bellen	☒ -lassen
	verreisen	verlieben	verlassen	
ver-	☒ -biegen	☒ -losen	☒ -tragen	☐ -sitzen
	verbiegen	verlosen	vertragen	

Vor-/vor-

Schreibe die Wörter mit dem Wortbaustein Vor-/vor-.

Vormittag	vorführen	Vorführung	vorspielen	Vorname
vorlassen	vorstellen	Vorstellung	vorsichtig	Vorsicht
vorfahren	Vorfahrt	vorgestern	vorschlagen	vorlesen

Vormittag	vorführen	Vorführung
vorspielen	Vorname	vorlassen
vorstellen	Vorstellung	vorsichtig
Vorsicht	vorfahren	Vorfahrt
vorgestern	vorschlagen	vorlesen

Bilde sinnvolle Tunwörter (Verben) mit dem Wortbaustein vor-.

vor-	☒ -schreiben	☐ -beißen	☒ -schlagen	☒ -gehen
	vorschreiben	vorschlagen	vorgehen	
vor-	☒ -fahren	☒ -lesen	☐ -donnern	☒ -stellen
	vorfahren	vorlesen	vorstellen	
vor-	☒ -führen	☒ -singen	☒ -setzen	☐ -grüßen
	vorführen	vorsingen	vorsetzen	
vor-	☒ -lassen	☐ -riechen	☒ -tragen	☒ -turnen
	vorlassen	vortragen	vorturnen	
vor-	☒ -finden	☒ -werfen	☒ -spielen	☐ -kneifen
	vorfinden	vorwerfen	vorspielen	
vor-	☐ -schneien	☒ -sagen	☒ -zeigen	☒ -ziehen
	vorsagen	vorzeigen	vorziehen	

Schreibe die Tunwörter (Verben) in den verschiedenen Formen.

	verbieten		verbrauchen	
	verbietest	verbieten	verbrauchen	verbrauchst
	verbietet	verbiete	verbraucht	verbrauchen
	verbieten	verbietet	verbraucht	verbrauche
ich	verbiete		verbrauche	
du	verbietest		verbrauchst	
er, sie, es	verbietet		verbraucht	
wir	verbieten		verbrauchen	
ihr	verbietet		verbraucht	
sie	verbieten		verbrauchen	

	verschließen		vorschlagen	
	verschließt	verschließt	schlage vor	schlägst vor
	verschließe	verschließt	schlagen vor	schlägt vor
	verschließen	verschließen	schlagen vor	schlagt vor
ich	verschließe		schlage vor	
du	verschließt		schlägst vor	
er, sie, es	verschließt		schlägt vor	
wir	verschließen		schlagen vor	
ihr	verschließt		schlagt vor	
sie	verschließen		schlagen vor	

ab- mit- um-

Bilde sinnvolle Tunwörter (Verben) mit den Wortbausteinen ab-, mit- und um-.

ab-	☒ -stimmen	☐ -hoffen	☒ -wechseln	☒ -schließen
	abstimmen	abwechseln	abschließen	
ab-	☒ -fahren	☒ -stellen	☐ -träumen	☒ -putzen
	abfahren	abstellen	abputzen	
ab-	☒ -warten	☒ -steigen	☐ -piepsen	☒ -holen
	abwarten	absteigen	abholen	
ab-	☒ -spülen	☒ -biegen	☒ -geben	☐ -brüllen
	abspülen	abbiegen	abgeben	
mit-	☒ -reden	☒ -helfen	☐ -schneien	☒ -fahren
	mitreden	mithelfen	mitfahren	
mit-	☐ -dampfen	☒ -reisen	☒ -essen	☒ -geben
	mitreisen	mitessen	mitgeben	
mit-	☒ -spielen	☒ -singen	☒ -laufen	☐ -werden
	mitspielen	mitsingen	mitlaufen	
mit-	☒ -teilen	☐ -knistern	☒ -zählen	☒ -halten
	mitteilen	mitzählen	mithalten	
um-	☒ -graben	☐ -schimpfen	☒ -drehen	☒ -kippen
	umgraben	umdrehen	umkippen	
um-	☐ -riechen	☒ -hängen	☒ -werfen	☒ -stoßen
	umhängen	umwerfen	umstoßen	
um-	☒ -fahren	☒ -steigen	☒ -rühren	☐ -ärgern
	umfahren	umsteigen	umrühren	
um-	☐ -lachen	☒ -ziehen	☒ -binden	☒ -fallen
	umziehen	umbinden	umfallen	

aus- auf- be-

Bilde sinnvolle Tunwörter (Verben) mit den Wortbausteinen aus-, auf- und be-.

aus-	☒ -ziehen	☒ -reißen	☐ -grunzen	☒ -packen
	ausziehen	ausreißen	auspacken	
aus-	☒ -gießen	☐ -jammern	☒ -brüten	☒ -füllen
	ausgießen	ausbrüten	ausfüllen	
aus-	☒ -halten	☒ -fallen	☐ -schaffen	☒ -teilen
	aushalten	ausfallen	austeilen	
aus-	☐ -schützen	☒ -reden	☒ -ruhen	☒ -atmen
	ausreden	ausruhen	ausatmen	
auf-	☒ -geben	☒ -hören	☒ -drehen	☐ -raten
	aufgeben	aufhören	aufdrehen	
auf-	☐ -kneifen	☒ -stehen	☒ -setzen	☒ -bauen
	aufstehen	aufsetzen	aufbauen	
auf-	☒ -essen	☒ -stellen	☒ -wecken	☐ -fühlen
	aufessen	aufstellen	aufwecken	
auf-	☐ -frieren	☒ -lösen	☒ -fallen	☒ -halten
	auflösen	auffallen	aufhalten	
be-	☒ -eilen	☒ -setzen	☐ -knittern	☒ -laden
	beeilen	besetzen	beladen	
be-	☒ -fahren	☒ -ziehen	☐ -hopsen	☒ -lügen
	befahren	beziehen	belügen	
be-	☒ -grüßen	☒ -stehen	☐ -brennen	☒ -greifen
	begrüßen	bestehen	begreifen	
be-	☒ -sitzen	☒ -stellen	☒ -sorgen	☐ -bohren
	besitzen	bestellen	besorgen	

zu- ein- an-

Bilde sinnvolle Tunwörter (Verben) mit den Wortbausteinen zu-, ein- und an-.

zu-	☐ -knabbern	☒ -packen	☒ -drehen	☒ -hören
	zupacken	zudrehen	zuhören	
zu-	☒ -sehen	☒ -beißen	☐ -schlafen	☒ -jubeln
	zusehen	zubeißen	zujubeln	
zu-	☐ -üben	☒ -geben	☒ -sagen	☒ -greifen
	zugeben	zusagen	zugreifen	
zu-	☒ -spielen	☐ -glitzern	☒ -lächeln	☒ -fassen
	zuspielen	zulächeln	zufassen	
ein-	☒ -packen	☐ -kämmen	☒ -laden	☒ -atmen
	einpacken	einladen	einatmen	
ein-	☒ -reiben	☒ -sehen	☐ -fressen	☒ -werfen
	einreiben	einsehen	einwerfen	
ein-	☒ -gießen	☒ -ziehen	☒ -tragen	☐ -grüßen
	eingießen	einziehen	eintragen	
ein-	☒ -füllen	☒ -üben	☒ -frieren	☐ -zeigen
	einfüllen	einüben	einfrieren	
an-	☒ -ziehen	☒ -bieten	☐ -kennen	☒ -brüllen
	anziehen	anbieten	anbrüllen	
an-	☒ -geben	☐ -wechseln	☒ -führen	☒ -packen
	angeben	anführen	anpacken	
an-	☒ -fühlen	☒ -nähen	☐ -trennen	☒ -sehen
	anfühlen	annähen	ansehen	
an-	☐ -streiten	☒ -malen	☒ -fangen	☒ -zünden
	anmalen	anfangen	anzünden	

er- ent- zer-

Bilde sinnvolle Tunwörter (Verben) mit den Wortbausteinen er-, ent- und zer-.

er-	☒ -bauen	☐ -schieben	☒ -kennen	☒ -frieren
	erbauen	erkennen	erfrieren	
er-	☐ -brennen	☒ -ziehen	☒ -füllen	☒ -leben
	erziehen	erfüllen	erleben	
er-	☒ -klären	☒ -setzen	☒ -warten	☐ -fließen
	erklären	ersetzen	erwarten	
er-	☒ -zählen	☒ -finden	☐ -schwitzen	☒ -raten
	erzählen	erfinden	erraten	
ent-	☒ -gehen	☐ -beißen	☒ -stehen	☒ -werfen
	entgehen	entstehen	entwerfen	
ent-	☒ -führen	☒ -halten	☐ -streichen	☒ -rätseln
	entführen	enthalten	enträtseln	
ent-	☒ -leihen	☒ -falten	☒ -lassen	☐ -kochen
	entleihen	entfalten	entlassen	
ent-	☒ -binden	☒ -zünden	☐ -treffen	☒ -reißen
	entbinden	entzünden	entreißen	
zer-	☒ -stechen	☐ -füttern	☒ -beißen	☒ -fließen
	zerstechen	zerbeißen	zerfließen	
zer-	☒ -stoßen	☒ -kratzen	☐ -blitzen	☒ -stören
	zerstoßen	zerkratzen	zerstören	
zer-	☒ -sägen	☒ -kauen	☒ -fallen	☐ -passen
	zersägen	zerkauen	zerfallen	
zer-	☒ -teilen	☒ -reißen	☒ -reiben	☐ -suchen
	zerteilen	zerreißen	zerreiben	

Unterstreiche Satzanfänge und Namenwörter (Nomen) und schreibe richtig.

X	in der stadt ist zu viel verkehr. wir verspäten uns.	4
X	die verschmutzung der natur ist streng verboten!	3
X	leos verein verliert das spiel unglücklich mit 1:18.	3
X	der torwart ist verletzt. seine verletzung heilt gut.	4
X	ein viereck hat vier ecken. erni vergaß es einmal.	4
X	noch vor der vorstellung stellt sich ein clown vor.	3

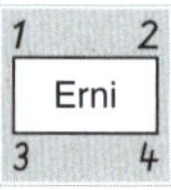

Ein Viereck hat vier Ecken. Erni vergaß es einmal.

In der Stadt ist zu viel Verkehr. Wir verspäten uns.

Die Verschmutzung der Natur ist streng verboten!

Leos Verein verliert das Spiel unglücklich mit 1:18.

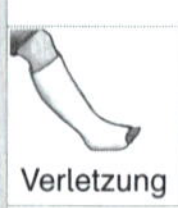

Der Torwart ist verletzt. Seine Verletzung heilt gut.

Noch vor der Vorstellung stellt sich ein Clown vor.

Schreibe die Texte auf Seite 46 neben die passenden Bilder.

X	Würste verbrennen leicht. Drei verbrannten bereits.	Ver-/ver-
X	Omi verbietet nicht viel. Opa verbot sie zu rauchen.	Ver-/ver-
X	Kai hat das Heft vergessen. Er vergaß es schon oft.	Ver-/ver-
X	Kinder verlieren Zähne. Arne verlor drei auf einmal.	Ver-/ver-
X	Verbrauch von sehr viel Zucker fördert Zahnverlust.	Ver-/ver-
X	Vorsicht im Straßenverkehr! Vati ist stets vorsichtig.	Vor-/vor-
X	Wir überqueren Straßen und beachten die Vorfahrt.	Vor-/vor-
X	Uli beginnt mit der Arbeit. Andere begannen früher.	be-
X	Die Ferien haben begonnen und wir sind begeistert.	be-

Markiere Trennstellen und schreibe die Wörter getrennt auf. 0

ver|ei|nen	Ver|spä|tung	be|vor	Vor|fahrt
ab|spü|len	auf|räu|men	zu|rück	ein|la|den
ent|ge|gen	be|grü|ßen	zu|letzt	er|war|ten

ver-ei-nen	Ver-spä-tung
be-vor	Vor-fahrt
ab-spü-len	auf-räu-men
zu-rück	ein-la-den
ent-ge-gen	be-grü-ßen
zu-letzt	er-war-ten

Schreibe die Texte von Seite 45 neben die passenden Bilder.

Omi verbietet nicht viel. Opa verbot sie zu rauchen.

Vorsicht im Straßenverkehr! Vati ist stets vorsichtig.

Würste verbrennen leicht. Drei verbrannten bereits.

Wir überqueren Straßen und beachten die Vorfahrt.

Kai hat das Heft vergessen. Er vergaß es schon oft.

Uli beginnt mit der Arbeit. Andere begannen früher.

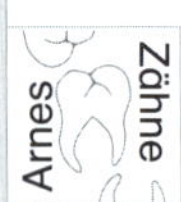

Kinder verlieren Zähne. Arne verlor drei auf einmal.

Verbrauch von sehr viel Zucker fördert Zahnverlust.

Die Ferien haben begonnen und wir sind begeistert.

-ig

Schreibe die Wiewörter (Adjektive) mit dem Wortbaustein -ig.

schläfrig	richtig	fertig	klebrig	ständig	vollständig
wichtig	flüssig	lebendig	rutschig	schwierig	vorsichtig

schläfrig	richtig	fertig
klebrig	ständig	vollständig
wichtig	flüssig	lebendig
rutschig	schwierig	vorsichtig

Ordne zu.

giftig	dreckig	schmutzig	fleißig	durstig	sandig
mutig	kräftig	häufig	eckig	ruhig	sonnig

das Gift	der Dreck	der Schmutz
giftig	dreckig	schmutzig
der Fleiß	der Durst	der Sand
fleißig	durstig	sandig
der Mut	die Kraft	der Haufen
mutig	kräftig	häufig
die Ecke	die Ruhe	die Sonne
eckig	ruhig	sonnig

Kreuze an.

Der Wortbaustein -ig verwandelt eine Reihe von Namenwörtern (Nomen) in

☐ Begleiter (Artikel). ☒ Wiewörter (Adjektive). ☐ Tunwörter (Verben).

Mache das g in den Wörtern mit -ig durch Verlängern hörbar.

lustig	sonnig
ein lustiger Clown	ein sonniger Tag
flüssig	sandig
ein flüssiges Eigelb	ein sandiger Fußboden
eckig	hungrig
eine eckige Brille	eine hungrige Raupe
fleißig	durstig
eine fleißige Biene	ein durstiges Kamel
häufig	richtig
ein häufiger Wechsel	eine richtige Antwort
kräftig	vorsichtig
ein kräftiger Schauer	ein vorsichtiger Schritt
ruhig	schwierig
ein ruhiger Schlaf	eine schwierige Aufgabe
wichtig	dreckig
ein wichtiges Thema	ein dreckiger Schuh
fertig	schmutzig
ein fertiger Kuchen	die schmutzige Hose
windig	vollständig
ein windiges Wetter	elf vollständige Puzzles

-lich

Schreibe die Wiewörter (Adjektive) mit dem Wortbaustein -lich.

süßlich	ähnlich	länglich	wirklich	fröhlich	ordentlich
plötzlich	deutlich	rundlich	nützlich	möglich	lächerlich

süßlich	ähnlich	länglich
wirklich	fröhlich	ordentlich
plötzlich	deutlich	rundlich
nützlich	möglich	lächerlich

Ordne zu.

kindlich	glücklich	natürlich	schrecklich	künstlich	jugendlich
pünktlich	jährlich	gefährlich	ängstlich	ehrlich	friedlich

das Kind	das Glück	die Natur
kindlich	glücklich	natürlich
der Schreck	die Kunst	die Jugend
schrecklich	künstlich	jugendlich
der Punkt	das Jahr	die Gefahr
pünktlich	jährlich	gefährlich
die Angst	die Ehre	der Frieden
ängstlich	ehrlich	friedlich

Kreuze an.

Der Wortbaustein -lich verwandelt eine Reihe von Namenwörtern (Nomen) in

☐ Begleiter (Artikel).   ☒ Wiewörter (Adjektive).   ☐ Tunwörter (Verben).

A/a wird Ä/ä

au wird äu

Schreibe die verwandten Wörter mit A/a oder au.

die Bälle	die Zähne	die Kämme
der Ball	der Zahn	der Kamm
die Länder	die Drähte	die Blätter
das Land	der Draht	das Blatt
die Ärzte	die Brände	die Stämme
der Arzt	der Brand	der Stamm
die Städte	die Späße	die Männer
die Stadt	der Spaß	der Mann
die Pässe	die Kräfte	die Strände
der Pass	die Kraft	der Strand
die Nähte	die Wälder	die Ängste
die Naht	der Wald	die Angst
die Häuser	die Kräuter	die Bäuche
das Haus	das Kraut	der Bauch
die Zäune	die Mäuse	die Träume
der Zaun	die Maus	der Traum
die Häute	die Bäume	die Sträucher
die Haut	der Baum	der Strauch
die Läuse	die Räume	die Sträuße
die Laus	der Raum	der Strauß

A/a wird Ä/ä | au wird äu

Schreibe die verwandten Wörter mit A/a oder au.

färben die Farbe	wählen die Wahl	hängen der Hang
zählen die Zahl	blättern das Blatt	kämmen der Kamm
quälen die Qual	kämpfen der Kampf	schälen die Schale
täglich der Tag	jährlich das Jahr	männlich der Mann
kräftig die Kraft	ängstlich die Angst	gefährlich die Gefahr
ländlich das Land	städtisch die Stadt	stämmig der Stamm
ärztlich der Arzt	nächtlich die Nacht	schädlich der Schaden
träumen der Traum	räuchern der Rauch	schäumen der Schaum
räumen der Raum	aufräumen der Raum	räumlich der Raum
häuslich das Haus	gläubig der Glaube	häufig der Haufen

A/a wird Ä/ä   au wird äu

Schreibe die verwandten Wörter mit a oder au.

die Fähre	der Bäcker	die Wäsche
wir fahren	wir backen	wir waschen
der Jäger	das Päckchen	der Schläger
wir jagen	wir packen	wir schlagen
das Gefährt	der Fänger	das Gewächs
wir fahren	wir fangen	wir wachsen
der Träger	das Gebäck	das Gefängnis
wir tragen	wir backen	wir fangen
es fällt	sie lässt	er schläft
wir fallen	wir lassen	wir schlafen
es hält	sie fährt	es wächst
wir halten	wir fahren	wir wachsen
er trägt	sie gräbt	er schlägt
wir tragen	wir graben	wir schlagen
sie rät	sie fängt	er wäscht
wir raten	wir fangen	wir waschen
der Käufer	der Räuber	der Läufer
wir kaufen	wir rauben	wir laufen
das Gebäude	sie läuft	es säuft
wir bauen	wir laufen	wir saufen

A/a wird Ä/ä   au wird äu

Schreibe die verwandten Wörter mit a oder au.

die Wärme	die Schärfe	die Stärke
warm	scharf	stark
die Länge	die Nähe	die Kälte
lang	nah	kalt
die Härte	die Schwäche	die Nässe
hart	schwach	nass
kälter	länger	wärmer
kalt	lang	warm
näher	härter	schärfer
nah	hart	scharf
älter	stärker	schwächer
alt	stark	schwach
wärmen	nähern	verlängern
warm	nah	lang
verstärken	verschärfen	erkälten
stark	scharf	kalt
läuten	säubern	bräunen
laut	sauber	braun
bräunlich	bläulich	säuerlich
braun	blau	sauer

Schreibe die verwandten Wörter mit Ä/ä oder äu.

der Arm	Ä	der Ärmel	der Ärmel
Europa	ä	der Europäer	der Europäer
der Alarm	ä	der Lärm	der Lärm
der Arzt	Ä	die Ärztin	die Ärztin
die Stange	ä	der Stängel	der Stängel
die Nahrung	ä	wir ernähren	wir ernähren
die Naht	ä	wir nähen	wir nähen
klar	ä	wir erklären	wir erklären
anders	ä	wir ändern	wir ändern
lachen	ä	sie lächelt	sie lächelt
ausfallen	ä	es fällt aus	es fällt aus
aufwachsen	ä	es wächst auf	es wächst auf
raten	ä	das Rätsel	das Rätsel
schaffen	ä	das Geschäft	das Geschäft
rauschen	äu	das Geräusch	das Geräusch
saugen	äu	der Säugling	der Säugling
das Haupt	äu	der Häuptling	der Häuptling

Schreibe die Texte auf Seite 56 neben die passenden Bilder.

X	Wir lassen Drachen steigen. Der Wind lässt das zu.	ä
X	Heute backen wir Plätzchen. Oma bäckt jeden Tag.	ä
X	Der Frosch will viele Fliegen fangen. Er fängt keine.	ä
X	Verraten Zauberer ihre Tricks? Dieser verrät nichts.	ä
X	Jim will Wäsche waschen. Er wäscht Wäsche gern.	ä
X	Oma und Opa fahren Einrad. Oma fährt Opa davon.	ä
X	Alle tragen T-Shirts. Heiner trägt Mantel und Schal.	ä
X	Äpfel fallen vom Baum. Einer fällt in Sörens Schuh.	Ä/ä
X	Alle laufen rechtsherum. Nur Malte läuft nach links.	äu

Markiere Trennstellen und schreibe die Wörter getrennt auf. 0

Ärz|tin	Ge|bäu|de	Wäl|der	än|dern
är|gern	Ge|schäft	Län|der	er|klä|ren
häu|fig	ängst|lich	Stän|gel	ge|fähr|lich

Ärz-tin	Ge-bäu-de
Wäl-der	än-dern
är-gern	Ge-schäft
Län-der	er-klä-ren
häu-fig	ängst-lich
Stän-gel	ge-fähr-lich

Schreibe die Texte von Seite 55 neben die passenden Bilder.

Heute backen wir Plätzchen. Oma bäckt jeden Tag.

Verraten Zauberer ihre Tricks? Dieser verrät nichts.

Oma und Opa fahren Einrad. Oma fährt Opa davon.

Wir lassen Drachen steigen. Der Wind lässt das zu.

Der Frosch will viele Fliegen fangen. Er fängt keine.

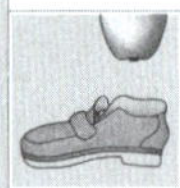
Äpfel fallen vom Baum. Einer fällt in Sörens Schuh.

Alle tragen T-Shirts. Heiner trägt Mantel und Schal.

Jim will Wäsche waschen. Er wäscht Wäsche gern.

Alle laufen rechtsherum. Nur Malte läuft nach links.

Unterstreiche Satzanfänge und Namenwörter (Nomen) und schreibe richtig.

⊗	die suppe ist scharf. ihre schärfe spürt man sehr.	4
⊗	die stadt köln ist groß. andere städte sind größer.	5
⊗	uli hat angst vor küken. sie machen ihn ängstlich.	4
⊗	ein hartes ei kann nicht härter als ein felsen sein.	3
⊗	theodor möchte viele brote backen. er ist bäcker.	4
⊗	lena hat einen traum. sie träumt von einem pony.	4

Köln

Die Stadt Köln ist groß. Andere Städte sind größer.

Uli hat Angst vor Küken. Sie machen ihn ängstlich.

Die Suppe ist scharf. Ihre Schärfe spürt man sehr.

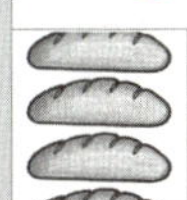

Theodor möchte viele Brote backen. Er ist Bäcker.

Lena hat einen Traum. Sie träumt von einem Pony.

Ein hartes Ei kann nicht härter als ein Felsen sein.

Eu/eu

Schreibe die Wörter mit Eu/eu.

Feuer	Europa	leuchten	Kreuz	Kreuzung
treu	deutlich	Flugzeug	deutsch	Deutschland
Steuer	steuern	Zeugnis	feucht	Feuchtigkeit

Feuer	Europa	leuchten
Kreuz	Kreuzung	treu
deutlich	Flugzeug	deutsch
Deutschland	Steuer	steuern
Zeugnis	feucht	Feuchtigkeit

Trage die Wörter mit Eu/eu in die Lücken ein.

treu/Kreuzung	Feuchtigkeit/Feuer	Deutschland/Europa	leuchtet/deutlich
Steuer/feucht	Freund/deutsch	Zeugnis/Kreuzen	steuert/Flugzeug

Deutschland ist ein Land in Europa.

Der Pilot steuert das Flugzeug sicher nach Berlin.

Bei Feuchtigkeit brennt ein Feuer schlecht.

Der Mond leuchtet. Er ist deutlich zu erkennen.

Kein Rektor unterschreibt ein Zeugnis mit Kreuzen.

Peters Pudel wartet treu neben ihm an der Kreuzung.

Igor und sein Freund reden deutsch miteinander.

Es regnet in das Boot. Das Steuer ist schon feucht.

Lange und kurze Selbstlaute

Sind die Selbstlaute lang (—) oder kurz (●)?

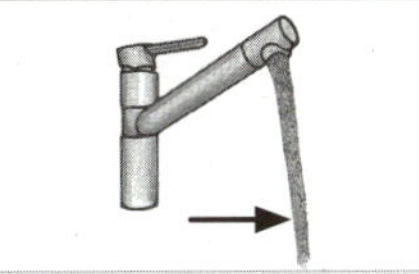				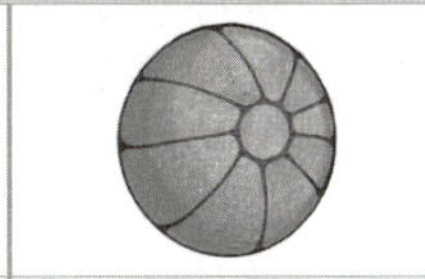	
Wasser	malen	Fass	Hase	Ball	Tasse
●	—	●	—	●	●
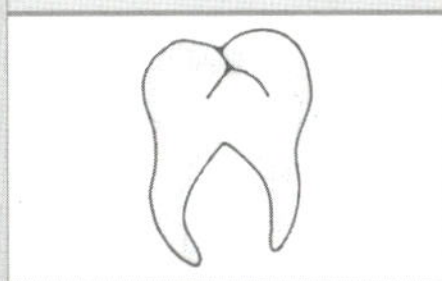	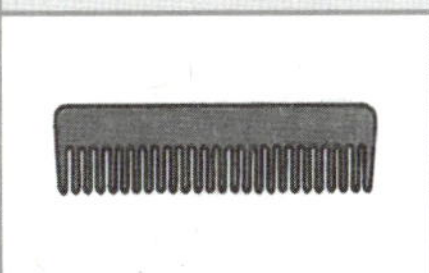				
Zahn	Kamm	Bahnhof	schlafen	Hahn	Lamm
—	●	—	—	—	●
	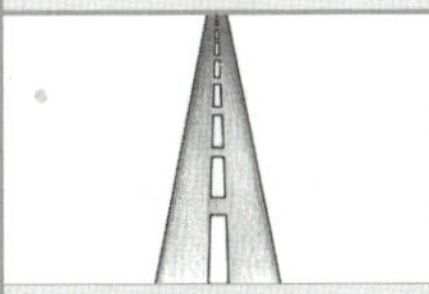				
Gabel	Straße	Blatt	Hammer	Affe	Ameise
—	—	●	●	●	—
	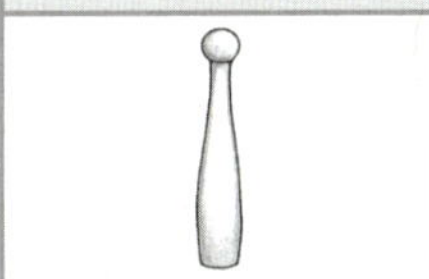	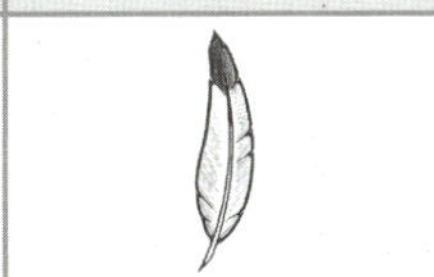	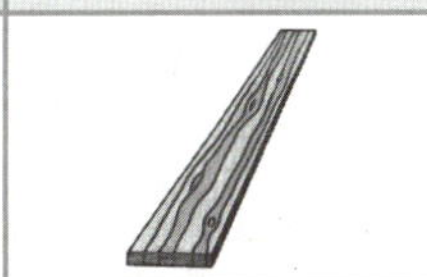		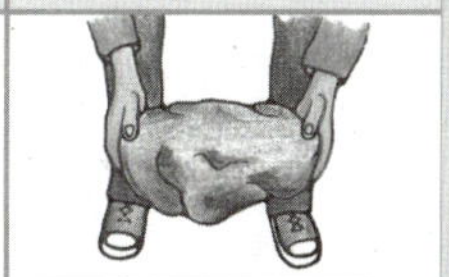
Messer	Kegel	Feder	Brett	Besen	heben
●	—	—	●	—	—
	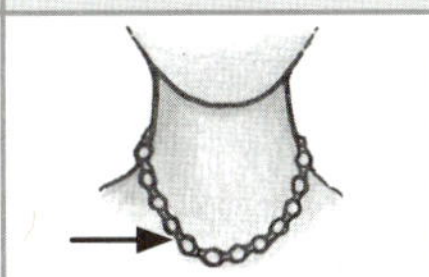			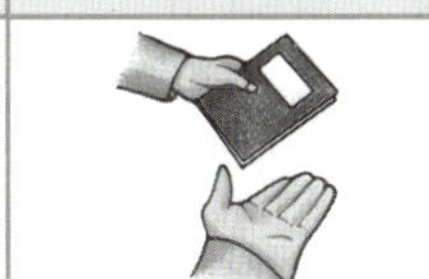	
Regen	Kette	zehn	Teller	geben	Stecker
—	●	—	●	—	●
		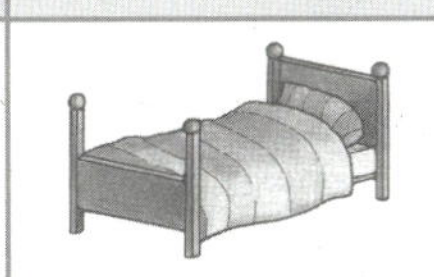	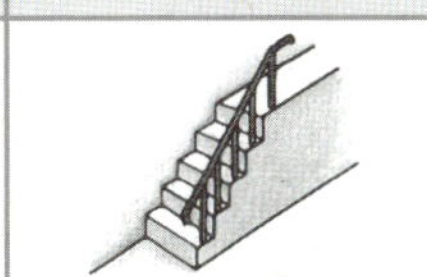		
Teddy	Reh	Bett	Treppe	Esel	Ente
●	—	●	●	—	●

! Zur Schulung des Sprachgefühls sind vorbereitende und ergänzende Sprech- und Hörübungen ratsam.

Lange und kurze Selbstlaute

Sind die Selbstlaute lang (—) oder kurz (●)?

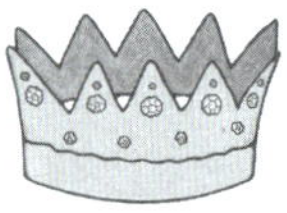					
Krone	Dose	Pommes	Glocke	Brot	Trommel
—	—	●	●	—	●
		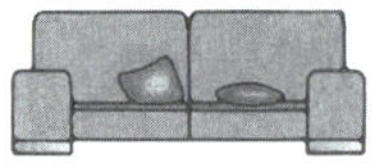			
Roller	Schloss	Sofa	Hose	Sonne	Vogel
●	●	—	—	●	—
		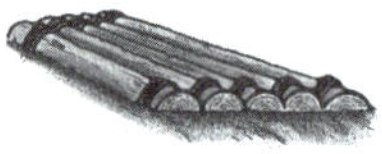			
Koffer	Rose	Floß	Tonne	Ordner	Oma
●	—	—	●	—	—
		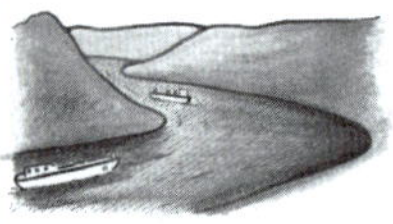	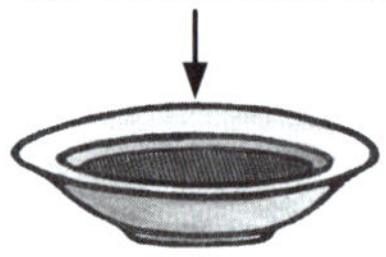		
Schule	Huhn	Fluss	Suppe	Buch	Hut
—	—	●	●	—	—
					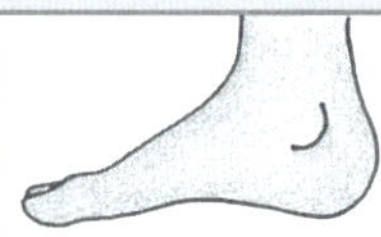
null	Stuhl	Brunnen	Lupe	Tunnel	Fuß
●	—	●	—	●	—
	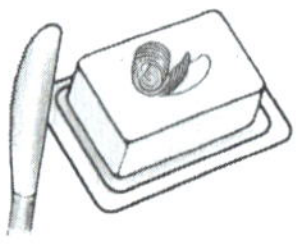		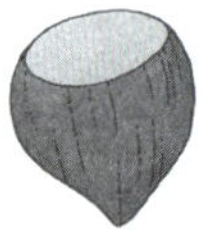		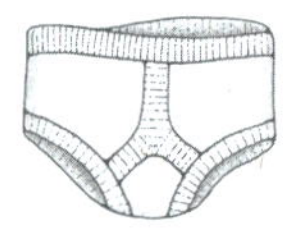
Blume	Butter	Puppe	Nuss	Ufo	Unterhose
—	●	●	●	—	●

Lange und kurze Umlaute

Sind die Umlaute lang (—) oder kurz (●)?

				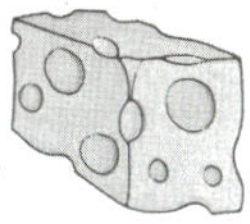	
Blätter	Käfig	Kämme	Jäger	Käse	Fässer
●	—	●	—	—	●
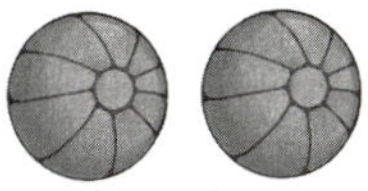					
Bälle	Käfer	Säge	Männer	Äpfel	Ähre
●	—	—	●	●	—

Löffel	Möhre	Löwe	Röcke	Töpfe	Flöte
●	—	—	●	●	—
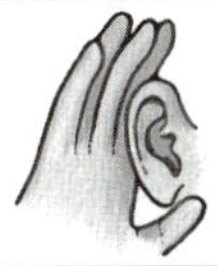		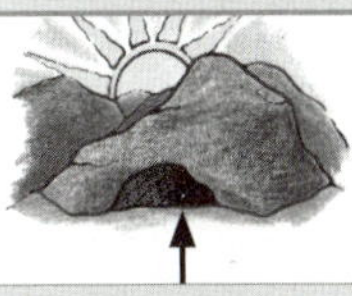	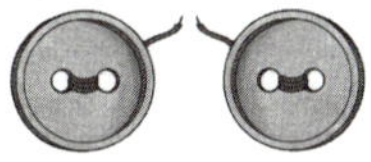	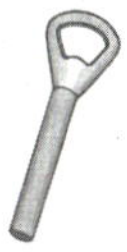	
hören	Schlösser	Höhle	Knöpfe	Öffner	Öl
—	●	—	●	●	—
			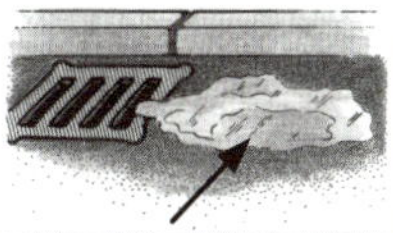		
Müll	Blüte	Schlüssel	Pfütze	grün	Flügel
●	—	●	●	—	—
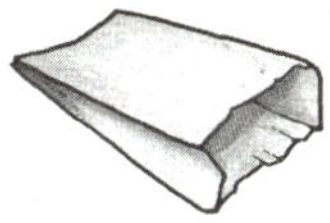					
Tüte	brüllen	Küken	Schüssel	Mütze	Gemüse
—	●	—	●	●	—

Schreibe die Wörter mit ie.

gießen	schließen	fließen	niemand	verbieten
biegen	schwierig	riechen	kriechen	vielleicht
ziehen	spazieren	Spiegel	niemals	verlieren

gießen	schließen	fließen
niemand	verbieten	biegen
schwierig	riechen	kriechen
vielleicht	ziehen	spazieren
Spiegel	niemals	verlieren

Trage die Wörter mit ie in die Lücken ein.

Lied/friedliche	nummeriert/Kiefern	schiebt/tief
informiert/Ziel	friert/Spaziergang	Stiel/wiegt

Der Pizzabäcker schiebt die Pizza tief in den Ofen.

Pia singt ein Lied über fünf friedliche Ferkel.

Uli friert bei dem Spaziergang durch die Kälte.

Der Stiel eines Besens wiegt nicht sehr viel.

Der Läufer informiert sich im Ziel über seine Zeit.

Opa nummeriert alle Kiefern im Wald.

Kreuze an.

Wie wird ein lang gesprochenes i meistens geschrieben? ☐ i ☒ ie

! Zur Schulung des Sprachgefühls sind vorbereitende und ergänzende Sprech- und Hörübungen ratsam.

ie

Je ein Wort aus der grauen und der weißen Hälfte reimen sich. Schreibe die Reimpaare.

Fliege	Ziel	biegen	fließen	verlieren	Miete
Wiese	tief	Lieder	riechen	schieben	vier
ziehen	wie	er ließ	Spiegel	verbieten	Dieb
Riese	Niete	Ziegel	wieder	spazieren	Brief
Liege	Tier	lieben	wiegen	schließen	Stiel
mieten	Knie	er hieß	fliehen	kriechen	Sieb

Fliege Liege	Ziel Stiel	biegen wiegen
fließen schließen	verlieren spazieren	Miete Niete
Wiese Riese	tief Brief	Lieder wieder
riechen kriechen	schieben lieben	vier Tier
ziehen fliehen	wie Knie	er ließ er hieß
Spiegel Ziegel	verbieten mieten	Dieb Sieb

Markiere Trennstellen und schreibe die Wörter getrennt auf.

Kie|fer	Bie|ne	spie|len	schie|ben
bie|gen	Tie|fe	krie|chen	ver|lie|ren
rie|chen	Brie|fe	spie|geln	schwie|rig
wie|gen	lie|ben	nie|mand	ver|bie|ten
Frie|den	Wie|se	Zwie|bel	schlie|ßen
flie|gen	sie|ben	nie|mals	spa|zie|ren
flie|ßen	lie|gen	gie|ßen	in|for|mie|ren

Kie-fer | Bie-ne
spie-len | schie-ben
bie-gen | Tie-fe
krie-chen | ver-lie-ren
rie-chen | Brie-fe
spie-geln | schwie-rig
wie-gen | lie-ben
nie-mand | ver-bie-ten
Frie-den | Wie-se
Zwie-bel | schlie-ßen
flie-gen | sie-ben
nie-mals | spa-zie-ren
flie-ßen | lie-gen
gie-ßen | in-for-mie-ren

! Das Trennen von Wörtern mit ie sollte mit den Kindern besprochen werden.

Tunwörter (Verben)

Schreibe die Tunwörter (Verben) in den verschiedenen Formen.

	schieben		riechen		kriechen	
	schiebt	schieben	rieche	riechst	kriechen	kriecht
	schiebst	schiebt	riecht	riechen	kriechen	krieche
	schieben	schiebe	riecht	riechen	kriechst	kriecht
ich →	schiebe		rieche		krieche	
du →	schiebst		riechst		kriechst	
er, sie, es →	schiebt		riecht		kriecht	
wir →	schieben		riechen		kriechen	
ihr →	schiebt		riecht		kriecht	
sie →	schieben		riechen		kriechen	

	spielen		frieren		schießen	
	spielen	spielt	friert	friert	schießt	schießt
	spielen	spielt	friere	frieren	schießen	schießt
	spielst	spiele	frieren	frierst	schieße	schießen
ich →	spiele		friere		schieße	
du →	spielst		frierst		schießt	
er, sie, es →	spielt		friert		schießt	
wir →	spielen		frieren		schießen	
ihr →	spielt		friert		schießt	
sie →	spielen		frieren		schießen	

Schreibe die Tunwörter (Verben) in den verschiedenen Formen.

	ziehen		wiegen		biegen	
	ziehen	ziehst	wiegst	wiegen	biegst	biegen
	zieht	zieht	wiegt	wiege	biegt	biege
	ziehen	ziehe	wiegen	wiegt	biegen	biegt
ich →	ziehe		wiege		biege	
du →	ziehst		wiegst		biegst	
er, sie, es →	zieht		wiegt		biegt	
wir →	ziehen		wiegen		biegen	
ihr →	zieht		wiegt		biegt	
sie →	ziehen		wiegen		biegen	

Ordne zu.

schieben	wiegen	verlieren	fliegen	fließen	kriechen
gießen	biegen	schließen	ziehen	frieren	verbieten

sie schob	sie wog	sie verlor
wir schieben	wir wiegen	wir verlieren
sie flog	es floss	sie kroch
wir fliegen	wir fließen	wir kriechen
sie goss	er bog	er schloss
wir gießen	wir biegen	wir schließen
er zog	es fror	er verbot
wir ziehen	wir frieren	wir verbieten

Schreibe die Texte auf Seite 68 neben die passenden Bilder.

X	Rolfs friedliche Oma verbietet Rolf nie Eis am Stiel.	ie
X	Wer schiebt den schief hängenden Spiegel gerade?	ie
X	Ohne ein Beispiel sind viele Aufgaben zu schwierig.	ie
X	Die Schnecke muss niemandem eine Miete zahlen.	ie
X	Heute informieren wir uns über Ziegen und Fliegen.	ie
X	Mamas Knie riecht nie nach Spiegelei mit Zwiebeln.	ie
X	Lea liegt auf der Wiese und liest Leos Liebesbriefe.	ie
X	Frieda schließt die Tür und kriecht frierend ins Bett.	ie
X	Soße soll fließen. Sonst lässt sie sich nicht gießen.	ie

Markiere Trennstellen und schreibe die Wörter getrennt auf. 5

tief	tie|fer	Krieg	Krie|ge
Ziel	Zie|le	schief	schie|fer
Lied	Lie|der	Bei|spiel	Bei|spie|le

tief	schief
tie-fer	schie-fer
Krieg	Lied
Krie-ge	Lie-der
Ziel	Bei-spiel
Zie-le	Bei-spie-le

Abschreiben

Schreibe die Texte von Seite 67 neben die passenden Bilder.

Wer schiebt den schief hängenden
Spiegel gerade?

Bitte ein Beispiel!

Ohne ein Beispiel sind viele Aufgaben
zu schwierig.

Heute informieren wir uns über
Ziegen und Fliegen.

Rolfs friedliche Oma verbietet Rolf
nie Eis am Stiel.

Lea liegt auf der Wiese und liest
Leos Liebesbriefe.

Frieda schließt die Tür und kriecht
frierend ins Bett.

Die Schnecke muss niemandem eine
Miete zahlen.

Soße soll fließen.

Soße soll fließen. Sonst lässt sie sich
nicht gießen.

Mamas Knie riecht nie nach Spiegelei
mit Zwiebeln.

Unterstreiche Satzanfänge und Namenwörter (Nomen) und schreibe richtig.

⊗	oma singt bei spaziergängen sieben liebeslieder.	3
⊗	im wald nummeriert und skizziert tim vier kiefern.	4
⊗	in den tiefen ozeanen gibt es riesige tintenfische.	3
⊗	wim hatte noch nie schwierigkeiten mit dem knie.	3
⊗	helga sprach mit niemandem. sie schwieg lieber.	2
⊗	eine fliegende biene spiegelt sich hier im wasser.	3

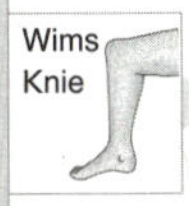

Wim hatte noch nie Schwierigkeiten
mit dem Knie.

In den tiefen Ozeanen gibt es
riesige Tintenfische.

Oma singt bei Spaziergängen sieben
Liebeslieder.

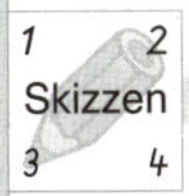

Im Wald nummeriert und skizziert
Tim vier Kiefern.

Eine fliegende Biene spiegelt sich
hier im Wasser.

Helga sprach mit niemandem. Sie
schwieg lieber.

ll

Schreibe die Wörter mit ll.

Keller	Brille	Müll	überall	alle	schnell
Quelle	Teller	still	rollen	null	Kontrolle
Schall	fallen	hell	sollen	Ball	herstellen
stellen	füllen	Füller	wollen	voll	vollständig

Keller	Brille	Müll
überall	alle	schnell
Quelle	Teller	still
rollen	null	Kontrolle
Schall	fallen	hell
sollen	Ball	herstellen
stellen	füllen	Füller
wollen	voll	vollständig

Schreibe die Reimpaare.

rollen	Quelle	Teller	Schall	Brille	voll
toll	Keller	Stelle	Stille	wollen	Stall

rollen wollen	Quelle Stelle	Teller Keller
Schall Stall	Brille Stille	voll toll

Schreibe die Wörter mit mm.

Summe	dumm	Dummheit	Pommes	sammeln	Sammlung
schlimm	Himmel	Programm	Stämme	Stamm	Schwamm
kommen	Kamm	kämmen	stimmen	bestimmt	Trommel
Sommer	Zimmer	Nummer	Hammer	Flamme	klemmen

Summe	dumm	Dummheit
Pommes	sammeln	Sammlung
schlimm	Himmel	Programm
Stämme	Stamm	Schwamm
kommen	Kamm	kämmen
stimmen	bestimmt	Trommel
Sommer	Zimmer	Nummer
Hammer	Flamme	klemmen

Schreibe die Reimpaare.

Himmel	immer	Stamm	klemmen	Nummer	dumm
Schimmel	stumm	Kummer	Kamm	stemmen	Zimmer

Himmel Schimmel	immer Zimmer	Stamm Kamm
klemmen stemmen	Nummer Kummer	dumm stumm

Schreibe die Wörter mit nn.

dünn	Sonne	Donner	donnern	begann	begonnen
Mann	Männer	Tunnel	drinnen	gewann	gewonnen
Tanne	rennen	rannte	brennen	brannte	verbrannte
kennen	kannte	Tonne	Brunnen	Spinne	Erinnerung

dünn	Sonne	Donner
donnern	begann	begonnen
Mann	Männer	Tunnel
drinnen	gewann	gewonnen
Tanne	rennen	rannte
brennen	brannte	verbrannte
kennen	kannte	Tonne
Brunnen	Spinne	Erinnerung

Schreibe die Reimpaare.

Tanne	rennen	rannte	Sonne	begann	begonnen
brannte	gewann	Kanne	Tonne	kennen	gewonnen

Tanne Kanne	rennen kennen	rannte brannte
Sonne Tonne	begann gewann	begonnen gewonnen

Schreibe die Tunwörter (Verben) in den verschiedenen Formen.

	beginnen		gewinnen	
	beginnst	beginnen	gewinnen	gewinnst
	beginnt	beginne	gewinnt	gewinnen
	beginnen	beginnt	gewinnt	gewinne
ich	beginne		gewinne	
du	beginnst		gewinnst	
er, sie, es	beginnt		gewinnt	
wir	beginnen		gewinnen	
ihr	beginnt		gewinnt	
sie	beginnen		gewinnen	

	schwimmen		herstellen	
	schwimmt	schwimmt	stellen her	stellst her
	schwimme	schwimmst	stelle her	stellen her
	schwimmen	schwimmen	stellt her	stellt her
ich	schwimme		stelle her	
du	schwimmst		stellst her	
er, sie, es	schwimmt		stellt her	
wir	schwimmen		stellen her	
ihr	schwimmt		stellt her	
sie	schwimmen		stellen her	

Wortfamilien

Ordne die Wörter zu Wortfamilien.

stellen	fallen	rollen	aufrollen	hinfallen
er rollt	Stelle	du fällst	du stellst	umstellen
Unfall	Rolle	Röllchen	umfallen	entrollen
Fälle	fällig	gestellt	bestellen	auffallen
Roller	falls	sie stellt	gefallen	abstellen
Abfall	Zufall	du rollst	abrollen	anstellen

Wortstamm FALL

fallen	hinfallen	du fällst
Unfall	umfallen	Fälle
fällig	auffallen	falls
gefallen	Abfall	Zufall

Wortstamm ROLL

rollen	aufrollen	er rollt
Rolle	Röllchen	entrollen
Roller	du rollst	abrollen

Wortstamm STELL

stellen	Stelle	du stellst
umstellen	gestellt	bestellen
sie stellt	abstellen	anstellen

Schreibe die Wörter mit ss.

lassen	nass	Messer	besser	Wasser	Interesse
Tasse	Kuss	wissen	wusste	bisschen	vergessen
Pässe	Pass	Nässe	es lässt	Schüssel	Schlüssel
Klasse	Nuss	messen	Fluss	Flüsse	Flüssigkeit

lassen	nass	Messer
besser	Wasser	Interesse
Tasse	Kuss	wissen
wusste	bisschen	vergessen
Pässe	Pass	Nässe
es lässt	Schüssel	Schlüssel
Klasse	Nuss	messen
Fluss	Flüsse	Flüssigkeit

Schreibe die Reimpaare.

Pässe	sie biss	Fluss	es goss	er frisst	Messer
sie riss	es floss	Nuss	er vergisst	besser	Nässe

Pässe Nässe	sie biss sie riss	Fluss Nuss
es goss es floss	er frisst er vergisst	Messer besser

Schreibe die Wörter mit tt.

Bett	Brett	Butter	klettern	kaputt	Schatten
glatt	Blatt	Blätter	Zettel	Wetter	schütteln
Gott	bitten	Ritter	Platte	Mutter	Gewitter
satt	Fett	fettig	Mitte	Mittag	Mittwoch

Bett	Brett	Butter
klettern	kaputt	Schatten
glatt	Blatt	Blätter
Zettel	Wetter	schütteln
Gott	bitten	Ritter
Platte	Mutter	Gewitter
satt	Fett	fettig
Mitte	Mittag	Mittwoch

Schreibe die Reimpaare.

Bett	Schatten	schütteln	glatt	Mitte	Ritter
platt	Gewitter	Ratten	Fett	Bitte	rütteln

Bett Fett	Schatten Ratten	schütteln rütteln
glatt platt	Mitte Bitte	Ritter Gewitter

ff pp

Schreibe die Wörter mit ff und pp.

Koffer	Stoff	schaffen	Löffel	hoffen	hoffentlich
Öffner	offen	Kartoffel	treffen	trifft	getroffen
Treppe	tippen	Teppich	Suppe	Puppe	schleppen

ff		
Koffer	Stoff	schaffen
Löffel	hoffen	hoffentlich
Öffner	offen	Kartoffel
treffen	trifft	getroffen

pp		
Treppe	tippen	Teppich
Suppe	Puppe	schleppen

Schreibe die Reimpaare.

schaffen	hoffen	Schiff	Puppe	tippen	Pappe
Affen	Griff	kippen	offen	Mappe	Suppe

schaffen Affen	hoffen offen	Schiff Griff
Puppe Suppe	tippen kippen	Pappe Mappe

bb dd gg rr

Schreibe die Wörter mit bb, dd, gg und rr.

Krabbe	Robbe	knabbern	Hobby	dribbeln	krabbeln
Paddel	Teddy	Pudding	Flagge	Bagger	Roggen
sperren	Herr	Gitarre	irren	starren	knurren

bb

Krabbe Robbe knabbern
Hobby dribbeln krabbeln

dd

Paddel Teddy Pudding

gg

Flagge Bagger Roggen

rr

sperren Herr Gitarre
irren starren knurren

Schreibe die Reimpaare.

sperren	Karre	Barren	Gitarre	Herren	starren

sperren	Karre	Barren
Herren	Gitarre	starren

Schreibe die Tunwörter (Verben) in den verschiedenen Formen.

	tippen		hoffen		lassen	
	tippe	tippst	hoffst	hofft	lassen	lasst
	tippt	tippen	hoffen	hofft	lassen	lässt
	tippt	tippen	hoffen	hoffe	lässt	lasse
ich →	tippe		hoffe		lasse	
du →	tippst		hoffst		lässt	
er, sie, es →	tippt		hofft		lässt	
wir →	tippen		hoffen		lassen	
ihr →	tippt		hofft		lasst	
sie →	tippen		hoffen		lassen	

	passen		fressen		messen	
	passen	passt	frisst	frisst	misst	misst
	passen	passt	fressen	fressen	messen	messt
	passt	passe	fresse	fresst	messen	messe
ich →	passe		fresse		messe	
du →	passt		frisst		misst	
er, sie, es →	passt		frisst		misst	
wir →	passen		fressen		messen	
ihr →	passt		fresst		messt	
sie →	passen		fressen		messen	

Wortfamilien

Ordne die Wörter zu Wortfamilien.

essen	treffen	offen	Treffpunkt	gegessen
Treffer	Öffner	du isst	das Essen	aufessen
er isst	sie aß	Öffnung	antreffen	getroffen
öffnen	er trifft	trefflich	eröffnen	eintreffen
Esser	essbar	du triffst	du öffnest	zutreffen
er traf	öffnete	geöffnet	sie öffnet	betreffen

Wortstamm TREFF

treffen	Treffpunkt	Treffer
antreffen	getroffen	er trifft
trefflich	eintreffen	du triffst
zutreffen	er traf	betreffen

Wortstamm OFFEN

offen	Öffner	Öffnung
öffnen	eröffnen	du öffnest
öffnete	geöffnet	sie öffnet

Wortstamm ESS

essen	gegessen	du isst
das Essen	aufessen	er isst
sie aß	Esser	essbar

Verbinde die passenden Silben und schreibe die Wörter getrennt auf.

Kof Kis	sen fer	Kof-fer	Kis-sen
Mit Näs	te se	Mit-te	Näs-se
Was Bril	ser le	Was-ser	Bril-le
Ted Tel	ler dy	Ted-dy	Tel-ler
Löf Mes	fel ser	Löf-fel	Mes-ser
Quel Klas	se le	Quel-le	Klas-se
Don Grup	ner pe	Don-ner	Grup-pe
Som Pup	pe mer	Som-mer	Pup-pe
Son Mut	ter ne	Son-ne	Mut-ter
Tan Tas	ne se	Tan-ne	Tas-se
Päs Bet	ten se	Päs-se	Bet-ten
Flüs Bäl	se le	Flüs-se	Bäl-le
Blät Schif	ter fe	Blät-ter	Schif-fe
Bret Nüs	se ter	Bret-ter	Nüs-se
Käm Küs	se me	Käm-me	Küs-se
Stof Stäm	me fe	Stof-fe	Stäm-me
Her Män	ren ner	Her-ren	Män-ner

Verbinde die passenden Silben und schreibe die Wörter getrennt auf.

brül füt	len tern	brül-len	füt-tern
ret wis	sen ten	ret-ten	wis-sen
bit es	ten sen	bit-ten	es-sen
kön fül	len nen	kön-nen	fül-len
stel bren	len nen	stel-len	bren-nen
fal don	len nern	fal-len	don-nern
klet mes	sen tern	klet-tern	mes-sen
ren klap	nen pen	ren-nen	klap-pen
fres wol	sen len	fres-sen	wol-len
kom müs	men sen	kom-men	müs-sen
tref zit	fen tern	tref-fen	zit-tern
hof sol	fen len	hof-fen	sol-len
ken las	nen sen	ken-nen	las-sen
flüs of	fen sig	flüs-sig	of-fen
stil fet	ter ler	stil-ler	fet-ter
glat dün	ter ner	glat-ter	dün-ner
bes hel	ler ser	bes-ser	hel-ler

Markiere Trennstellen und schreibe die Wörter getrennt auf. 0

Löf|fel	Ver|bren|nung	sam|meln	Bril|le
Tel|ler	hof|fent|lich	pas|sen	of|fen
Tas|se	Flüs|sig|keit	schaf|fen	Küs|se
Tan|ne	be|gin|nen	käm|men	Stof|fe
bes|ser	schwim|men	Ge|wit|ter	vol|ler
mes|sen	Her|stel|lung	Don|ner	glat|ter
Quel|le	ver|ges|sen	Schlüs|sel	Bet|ten

Löf-fel	käm-men
Ver-bren-nung	Stof-fe
sam-meln	bes-ser
Bril-le	schwim-men
Tel-ler	Ge-wit-ter
hof-fent-lich	vol-ler
pas-sen	mes-sen
of-fen	Her-stel-lung
Tas-se	Don-ner
Flüs-sig-keit	glat-ter
schaf-fen	Quel-le
Küs-se	ver-ges-sen
Tan-ne	Schlüs-sel
be-gin-nen	Bet-ten

! Das Trennen von Wörtern mit doppeltem Mitlaut sollte mit den Kindern besprochen werden.

Schreibe die Wörter mit doppeltem Mitlaut.

 Affe

 Brett

 Roller

 Hammer

 Ball

 Blatt

 Löffel

 Schlitten

 Brille

 Bett

 Kamm

 Trommel

 Messer

 Ritter

 Teller

 Spinne

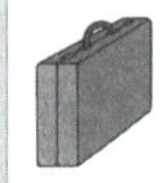 Koffer

 Pfanne

 Schiff

 Tasse

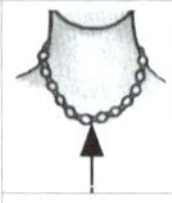 Kette

 Schnuller

 Schwamm

 Sonne

 Tanne

 Schlüssel

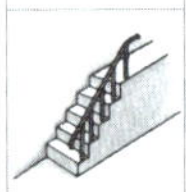 Treppe

 Kissen

 Kanne

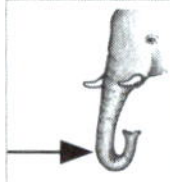 Rüssel

 Teddy

 Nuss

 Tonne

 Puppe

 Schmetterling

 Badewanne

Schreibe die Texte auf Seite 86 neben die passenden Bilder.

X	Opas Hemd war nass. Es passte ihm nicht und riss.	ss
X	Hat Tiffi ihr Ei mit dem Löffel getroffen? Wir hoffen!	ff
X	Es begann zu donnern. Hanni kannte Donner nicht.	nn
X	Es brannte. Die Tiere rannten. Tannen verbrannten.	nn
X	Das fett gefütterte Tier macht am Mittag einige satt.	tt
X	Hinter glatten Gittern ruhen fette Ritter im Schatten.	tt
X	Im Traum klettert Betty auf Bäume und schüttelt sie.	tt
X	Die Ozeane sind voller Müll und wir sind die Quelle.	ll
X	Kalli will so schnell wie der Schall Teller herstellen.	ll

Markiere Trennstellen und schreibe die Wörter getrennt auf. 4

Pass	Päs|se	Stamm	Stäm|me
Kom|pass	Kom|pas|se	Pro|gramm	Pro|gram|me
Fluss	Flüs|se	dünn	dün|ner

Pass	Pro-gramm
Päs-se	Pro-gram-me
Stamm	Fluss
Stäm-me	Flüs-se
Kom-pass	dünn
Kom-pas-se	dün-ner

Abschreiben

Schreibe die Texte von Seite *85* neben die passenden Bilder.

Im Traum klettert Betty auf Bäume
und schüttelt sie.

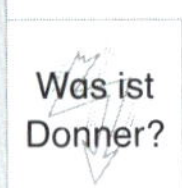

Es begann zu donnern. Hanni kannte
Donner nicht.

Hat Tiffy ihr Ei mit dem Löffel getroffen?
Wir hoffen!

Die Ozeane sind voller Müll und wir
sind die Quelle.

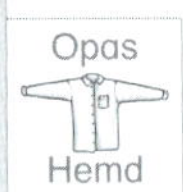

Opas Hemd war nass. Es passte ihm
nicht und riss.

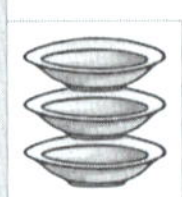
Kalli will so schnell wie der Schall
Teller herstellen.

Das fett gefütterte Tier macht am
Mittag einige satt.

Hinter glatten Gittern ruhen fette Ritter
im Schatten.

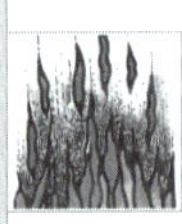
Es brannte. Die Tiere rannten. Tannen
verbrannten.

Groß- und Kleinschreibung

Unterstreiche Satzanfänge und Namenwörter (Nomen) und schreibe richtig.

X	floss je ein fluss hinauf? die frage ist interessant.	4
X	papa sammelte immer schon kämme aus gummi.	3
X	emma ist im sommer immer gern geschwommen.	2
X	wer begoss die haselnuss mit tee aus der tasse?	4
X	bills boss biss täglich mit genuss in eine zwiebel.	4
X	vanessa wusste sich mit dem kompass zu helfen.	2

Wer begoss die Haselnuss mit Tee
aus der Tasse?

Emma schwamm gerne.

Emma ist im Sommer immer gern
geschwommen.

Papas Kamm

Papa sammelte immer schon Kämme
aus Gummi.

Bills Boss biss täglich mit Genuss in
eine Zwiebel.

Fluss

Floss je ein Fluss hinauf? Die Frage
ist interessant.

Vanessa wusste sich mit dem Kompass
zu helfen.

Schreibe die Wörter mit ck.

Brücke	Wecker	aufwecken	Glück	glücklich	schmecken
zurück	trocken	Schnecke	Block	drücken	schrecklich
Bäcker	backen	Päckchen	eckig	Rücken	entwickeln
dreckig	blicken	entdecken	Stück	Zucker	verpacken

Brücke	Wecker	aufwecken
Glück	glücklich	schmecken
zurück	trocken	Schnecke
Block	drücken	schrecklich
Bäcker	backen	Päckchen
eckig	Rücken	entwickeln
dreckig	blicken	entdecken
Stück	Zucker	verpacken

Schreibe die Reimpaare.

backen	Ecke	Druck	Blick	Schreck	schmecken
packen	dick	Decke	Dreck	Schluck	erschrecken

backen packen	Ecke Decke	Druck Schluck
Blick dick	Schreck Dreck	schmecken erschrecken

Schreibe die Wörter mit tz.

Blitz	blitzen	Platz	nützen	Schmutz	schmutzig
spitz	Schatz	Mütze	Gesetz	verletzen	Verletzung
Hitze	zuletzt	Sätze	kratzen	trotzdem	schwitzen
Katze	setzen	sitzen	Spitze	Schutz	schützen

Blitz	blitzen	Platz
nützen	Schmutz	schmutzig
spitz	Schatz	Mütze
Gesetz	verletzen	Verletzung
Hitze	zuletzt	Sätze
kratzen	trotzdem	schwitzen
Katze	setzen	sitzen
Spitze	Schutz	schützen

Schreibe die Reimpaare.

Satz	Schutz	Hitze	schwitzen	setzen	nützen
Spitze	Schmutz	Platz	verletzen	schützen	blitzen

Satz Platz	Schutz Schmutz	Hitze Spitze
schwitzen blitzen	setzen verletzen	nützen schützen

Schreibe die Tunwörter (Verben) in den verschiedenen Formen.

	packen		blicken		drücken	
	packen	packt	blickt	blicken	drückt	drückt
	packe	packst	blicke	blicken	drücke	drückst
	packen	packt	blickt	blickst	drücken	drücken
ich	packe		blicke		drücke	
du	packst		blickst		drückst	
er, sie, es	packt		blickt		drückt	
wir	packen		blicken		drücken	
ihr	packt		blickt		drückt	
sie	packen		blicken		drücken	

	sitzen		putzen		kratzen	
	sitze	sitzt	putzen	putzen	kratzt	kratzen
	sitzen	sitzen	putze	putzt	kratze	kratzt
	sitzt	sitzt	putzt	putzt	kratzt	kratzen
ich	sitze		putze		kratze	
du	sitzt		putzt		kratzt	
er, sie, es	sitzt		putzt		kratzt	
wir	sitzen		putzen		kratzen	
ihr	sitzt		putzt		kratzt	
sie	sitzen		putzen		kratzen	

Schreibe die Texte auf Seite 92 neben die passenden Bilder.

X	Bäcker blicken von Brücken auf Äcker und Hecken.	ck
X	Opi holt zwei dreckige Wecker aus der Verpackung.	ck
X	Hanna malt dicke und eckige Dackel in ihren Block.	ck
X	Das Brötchen ist trocken und schmeckt schrecklich.	ck
X	Mit Glück entdeckt man in Jacken ein Stück Zucker.	ck
X	Mama entwickelt Rezepte mit zerdrückten Karotten.	ck
X	Donner folgt auf Blitz. Das ist ein Gesetz der Natur.	tz
X	Oma rennt an der Spitze und Papa folgt als Letzter.	tz
X	Bei Hitze schwitzen wir als Schutz vor Überhitzung.	tz

Markiere Trennstellen und schreibe die Wörter getrennt auf. 0

schmut|zig	ba|cken	auf|we|cken	drü|cken
ent|de|cken	bli|cken	ver|pa|cken	nüt|zen
Ver|let|zung	set|zen	schüt|zen	krat|zen

schmut-zig
ba-cken
auf-we-cken
drü-cken
ent-de-cken
bli-cken
ver-pa-cken
nüt-zen
Ver-let-zung
set-zen
schüt-zen
krat-zen

! Das Trennen von Wörtern mit ck und tz sollte mit den Kindern besprochen werden.

Schreibe die Texte von Seite 91 neben die passenden Bilder.

Hanna malt dicke und eckige Dackel
in ihren Block.

Das Brötchen ist trocken und schmeckt
schrecklich.

Donner folgt auf Blitz. Das ist ein
Gesetz der Natur.

Bäcker blicken von Brücken auf Äcker
und Hecken.

Oma rennt an der Spitze und Papa
folgt als Letzter.

Opi holt zwei dreckige Wecker aus
der Verpackung.

Bei Hitze schwitzen wir als Schutz vor
Überhitzung.

Mit Glück entdeckt man in Jacken ein
Stück Zucker.

Mama entwickelt Rezepte mit
zerdrückten Karotten.

Silben trennendes h

Markiere Trennstellen und schreibe die Wörter getrennt auf. 0

mähen	leihen	geschehen	glühen
krähen	blühen	drehen	ziehen
wehen	drohen	stehen	fliehen
gehen	sehen	ruhen	nähen
Kühe	Flöhe	Rehe	Schuhe
Zehe	Mühe	Krähe	Truhe
froher	näher	früher	zäher

mä-hen lei-hen
ge-sche-hen glü-hen
krä-hen blü-hen
dre-hen zie-hen
we-hen dro-hen
ste-hen flie-hen
ge-hen se-hen
ru-hen nä-hen
Kü-he Flö-he
Re-he Schu-he
Ze-he Mü-he
Krä-he Tru-he
fro-her nä-her
frü-her zä-her

! Das Trennen von Wörtern mit Silben trennendem h sollte mit den Kindern besprochen werden.

Silben trennendes h

Ordne zu.

kräht	sieht	leiht	geht	zieht	steht	droht	näht	blüht	ruht
dreht	sprüht	mäht	glüht	flieht	weht	muht	späht	brüht	fleht
Reh	Schuh	Floh	Kuh	Geweih	froh	nah	früh	zäh	roh

krä-hen	se-hen	lei-hen
er kräht	sie sieht	er leiht
ge-hen	zie-hen	ste-hen
sie geht	er zieht	sie steht
dro-hen	nä-hen	blü-hen
er droht	sie näht	es blüht
ru-hen	dre-hen	sprü-hen
er ruht	sie dreht	er sprüht
mä-hen	glü-hen	flie-hen
sie mäht	es glüht	er flieht
we-hen	mu-hen	spä-hen
es weht	sie muht	er späht
brü-hen	fle-hen	die Re-he
sie brüht	er fleht	das Reh
die Schu-he	die Flö-he	die Kü-he
der Schuh	der Floh	die Kuh
die Gewei-he	noch fro-her	noch nä-her
das Geweih	froh	nah
noch frü-her	noch zä-her	noch ro-her
früh	zäh	roh

Tunwörter (Verben)

Schreibe die Tunwörter (Verben) in den verschiedenen Formen.

	gehen		ruhen		sehen	
	gehen	gehen	ruhen	ruhe	siehst	sehen
	gehe	geht	ruhst	ruht	sehe	sehen
	geht	gehst	ruhen	ruht	seht	sieht
ich	gehe		ruhe		sehe	
du	gehst		ruhst		siehst	
er, sie, es	geht		ruht		sieht	
wir	gehen		ruhen		sehen	
ihr	geht		ruht		seht	
sie	gehen		ruhen		sehen	

	stehen		drehen		nähen	
	stehen	stehe	drehst	drehen	nähst	nähe
	stehen	steht	dreht	drehe	näht	nähen
	stehst	steht	dreht	drehen	nähen	näht
ich	stehe		drehe		nähe	
du	stehst		drehst		nähst	
er, sie, es	steht		dreht		näht	
wir	stehen		drehen		nähen	
ihr	steht		dreht		näht	
sie	stehen		drehen		nähen	

Merkwörter mit ß

Schreibe die Merkwörter mit ß.

Fleiß	süß	fließen	Straße	draußen
Strauß	Maß	außen	reißen	schließen
Spaß	bloß	gießen	grüßen	beißen

Fleiß	süß	fließen
Straße	draußen	Strauß
Maß	außen	reißen
schließen	Spaß	bloß
gießen	grüßen	beißen

Trage die Merkwörter mit ß in die Lücken ein.

Fleiß/fleißig	Spaß/Späße	Strauß/Sträuße
groß/größer	saß/fraß	Süßigkeiten/süß

„Bitte einen Strauß Rosen und elf Sträuße Tulpen."

Sehr viel Zucker macht Süßigkeiten so süß.

Fleiß reimt sich auf Schweiß und fleißig auf dreißig.

Ein Spaß ist lustig. Sind viele Späße noch lustiger?

Riese Rudi ist groß und Riese Ronny noch größer.

Der Affe saß auf dem Ast und fraß jede Menge Bananen.

Kreuze an.

Selbstlaute oder Umlaute vor dem ß klingen ☒ lang. ☐ kurz.

Schreibe die Tunwörter (Verben) in den verschiedenen Formen.

	reißen		gießen		beißen	
	reißen	reißen	gießt	gießt	beißt	beißt
	reiße	reißt	gießen	gieße	beiße	beißt
	reißt	reißt	gießt	gießen	beißen	beißen
ich →	reiße		gieße		beiße	
du →	reißt		gießt		beißt	
er, sie, es →	reißt		gießt		beißt	
wir →	reißen		gießen		beißen	
ihr →	reißt		gießt		beißt	
sie →	reißen		gießen		beißen	

	grüßen		heißen		fließen	
	grüße	grüßt	heiße	heißt	fließen	fließt
	grüßen	grüßen	heißen	heißen	fließe	fließt
	grüßt	grüßt	heißt	heißt	fließen	fließt
ich →	grüße		heiße		fließe	
du →	grüßt		heißt		fließt	
er, sie, es →	grüßt		heißt		fließt	
wir →	grüßen		heißen		fließen	
ihr →	grüßt		heißt		fließt	
sie →	grüßen		heißen		fließen	

Merkwörter mit aa, ee und oo

Schreibe die Merkwörter mit aa, ee und oo.

Saal	Haare	ein paar	Waage	leer
Beet	Schnee	Erdbeere	See	Tee
Meer	Moos	doof	Boot	Zoo

aa	Saal	aa	Haare	aa	ein paar
aa	Waage	ee	leer	ee	Beet
ee	Schnee	ee	Erdbeere	ee	See
ee	Tee	ee	Meer	oo	Moos
oo	doof	oo	Boot	oo	Zoo

Trage die Merkwörter mit aa, ee und oo in die Lücken ein.

Meer/See	Zoo/Aal	Tee/leer	Haare/Schnee
Fee/Erdbeere	Waage/ein paar	Paar/Saal	Boot/Moos

Die Nordsee ist ein Meer und der Bodensee ein See.

Im Zoo sieht Heiner einen alten Aal in einem Aquarium.

Opas lange Haare sind fast so weiß wie Schnee.

Die Waage zeigt bei Opa ein paar Kilos zu viel an.

Das verliebte Paar tanzt einen Walzer im festlichen Saal.

Das alte Boot des Fischers ist mit Moos überwachsen.

Im Traum verwandelt eine Fee Opa in eine Erdbeere.

Oma ruft: „Warum ist die Dose für den Tee schon leer?“

Merkwörter mit ä

Schreibe die Merkwörter mit ä.

gähnen	Käse	Mädchen	Käfer	Bär
Märchen	Säge	mähen	Lärm	Träne
Käfig	März	krähen	spät	während

gähnen	Käse	Mädchen
Käfer	Bär	Märchen
Säge	mähen	Lärm
Träne	Käfig	März
krähen	spät	während

Trage die Merkwörter mit ä in die Lücken ein.

Mädchen/März	Tränen/während	Bären/Käfer	Käse/gähnt
Märchen/Käfig	krähen/Lärm	fähig/Säge	mäht/spät

Lottis Lieblingstiere sind Bären und Käfer.

Im Märchen sitzen Hänsel und Gretel im Käfig.

Omas elf Mädchen wurden alle im März geboren.

Heidis Hähne krähen und verursachen viel Lärm.

Papa weint viele Tränen während des Liebesfilms.

Auf dem gelben Käse sitzt ein müder Zwerg und gähnt.

Maik mäht den Rasen immer spät am Abend.

Keine Maus ist dazu fähig, mit einer Säge zu sägen.

Merkwörter mit langem I/i

Schreibe die Merkwörter mit langem I/i.

Kino	Igel	Nilpferd	Biber	Tiger
Apfelsine	Gardine	Lawine	Maschine	Vitamine
Musik	Kilogramm	Medizin	Termin	Berlin

Kino	Igel	Nilpferd
Biber	Tiger	Apfelsine
Gardine	Lawine	Maschine
Vitamine	Musik	Kilogramm
Medizin	Termin	Berlin

Trage die Merkwörter mit langem I/i in die Lücken ein.

Kino/Igel	Apfelsine/Vitamin	Biber/Maschine
Sabine/Termin	Rosine/Kilogramm	Tiger/Medizin

Im Kino läuft ein Film über einen Igel im Winterschlaf.

Der Biber ist ein Nagetier und keine Maschine.

Eine Apfelsine enthält viel Vitamin C.

Der kranke Tiger erhält vom Tierarzt eine Medizin.

Sabine hat um 9.00 Uhr einen Termin beim Arzt.

Eine Rosine wiegt kein Kilogramm.

Kreuze an.

Wie wird ein lang gesprochenes i normalerweise geschrieben? ☐ i ☒ ie

Merkwörter mit chs

Schreibe die Merkwörter mit chs.

Dachs	Luchs	Büchse	sechs	Fuchs
wachsen	es wuchs	Gewächs	erwachsen	Ochse
Lachs	Echse	Wechsel	wechseln	Wachs

Dachs	Luchs	Büchse
sechs	Fuchs	wachsen
es wuchs	Gewächs	erwachsen
Ochse	Lachs	Echse
Wechsel	wechseln	Wachs

Trage die Merkwörter mit chs in die Lücken ein.

Echse/Gewächs	Dachs/wachsen	Wachs/Büchse	Lachs/wechseln
Wechsel/sechs	wuchs/erwachsen	Luchs/Fuchs	Ochse/Achse

Das Wachs der Kerze ist auf eine Büchse getropft.

Die flinke Echse huscht schnell unter ein Gewächs.

Ein Lachs muss keine Unterhosen wechseln.

Toni wuchs in Italien auf. Nun ist er erwachsen.

Der Dachs ist noch klein. Er muss noch wachsen.

Der Ochse zieht einen schweren Karren mit einer Achse.

Nach dem Wechsel der Seiten schoss Wim sechs Tore.

Der Luchs und der Fuchs sind heimische Raubtiere.

Merkwörter aus anderen Sprachen

Schreibe die Merkwörter aus anderen Sprachen.

Baby	Handy	Teddy	Cent	Clown
Computer	E-Mail	Internet	Jeans	Chips
Ketchup	Restaurant	Pizza	Skizze	Interesse

Baby	Handy	Teddy
Cent	Clown	Computer
E-Mail	Internet	Jeans
Chips	Ketchup	Restaurant
Pizza	Skizze	Interesse

Trage die Merkwörter aus anderen Sprachen in die Lücken ein.

E-Mail/Handy	Pizza/Restaurant	Ketchup/Cent	Baby/Teddy
Clown/Chips	Trainer/Skizze	Computer/Internet	Interesse/Jeans

Ben isst eine Pizza im italienischen Restaurant.

Sven verschickt eine E-Mail mit seinem Handy.

Im Zirkus jongliert ein Clown mit 14 Tüten Chips.

Das kleine Baby spielt mit einem kuscheligen Teddy.

Mit Ketchup kosten die Pommes 50 Cent mehr.

Nora surft oft mit dem Computer im Internet.

Ina hat Interesse an einer Jeans ohne Taschen.

Der Trainer erklärt die Taktik mit einer Skizze.

Merkwörter aus anderen Sprachen

Schreibe die Merkwörter aus anderen Sprachen.

Gyros	Toast	Spaghetti	Mai	Camping
Container	informieren	T-Shirt	Recycling	Verb
Adjektiv	Hobby	Apotheke	Theater	Thermometer

Gyros	Toast	Spaghetti
Mai	Camping	Container
informieren	T-Shirt	Recycling
Verb	Adjektiv	Hobby
Apotheke	Theater	Thermometer

Trage die Merkwörter aus anderen Sprachen in die Lücken ein.

Gyros/Spaghetti	informieren/Verb	Mai/Thermometer	Toasts/Recycling
Chef/Camping	T-Shirt/Container	Theater/Adjektiv	Doktor/Apotheke

Tim könnte täglich Gyros oder Spaghetti essen.

Im Mai zeigte das Thermometer 30 Grad an.

Das Wort informieren ist ein Verb.

Im Theater läuft das Stück „Affe ist kein Adjektiv“.

Auf Thilos lila T-Shirt steht „Container“.

Für verschimmelte Toasts gibt es kein Recycling.

Im Sommer macht der Chef Camping mit der Familie.

Der Doktor schickt den Patienten zur Apotheke.

Merkwörter mit Dehnungs-h

Schreibe die Merkwörter mit Dehnungs-h.				
Vorfahrt	Bahn	Nahrung	Fahne	Draht
Gefahr	Wahl	während	erzählen	ähnlich
Fehler	mehr	Lehrerin	ehrlich	nehmen

ah	Vorfahrt	ah	Bahn	ah	Nahrung
ah	Fahne	ah	Draht	ah	Gefahr
ah	Wahl	äh	während	äh	erzählen
äh	ähnlich	eh	Fehler	eh	mehr
eh	Lehrerin	eh	ehrlich	eh	nehmen

Trage die Merkwörter mit Dehnungs-h in die Lücken ein.			
Lehrer/fehlerfrei	ernährt/gefährlich	Fahne/Gefahr	wählen/erzählen
während/ähnlich	Bahn/Draht	fährt/ungefähr	ehrlich/mehr

Auch ein Lehrer macht Fehler. Keiner ist fehlerfrei.

Die Wörter wählen und erzählen reimen sich.

Wer sich ungesund ernährt, lebt gefährlich.

Bill bastelt eine Bahn aus Pappe, Blech und Draht.

Erni sagt ehrlich: „Ich möchte keine Suppe mehr."

Wer die Fahne der Piraten sah, war in großer Gefahr.

Omi fährt ungefähr *100* Kilometer mit dem Rad.

Opi fährt während dieser Zeit ähnlich weit.

Merkwörter mit Dehnungs-h

Schreibe die Merkwörter mit Dehnungs-h.

Bohne	wohnen	bohren	Lohn	ohne
Höhle	fröhlich	Söhne	Huhn	Stuhl
fühlen	Gefühl	führen	kühlen	rühren

oh Bohne	oh wohnen	oh bohren
oh Lohn	oh ohne	öh Höhle
öh fröhlich	öh Söhne	uh Huhn
uh Stuhl	üh fühlen	üh Gefühl
üh führen	üh kühlen	üh rühren

Trage die Merkwörter mit Dehnungs-h in die Lücken ein.

Huhn/Stuhl	bohrt/Wohnung	belohnen/Sohn	führt/Mühle
rührt/Gefühl	ohne/hohl	fühlen/kühl	fröhlich/Höhle

Die Eltern belohnen ihren Sohn für seinen Fleiß.

Der Müller führt eine Klasse durch die alte Mühle.

Das Huhn hat unter einem Stuhl ein Ei gelegt.

Emre bohrt in der Wohnung Löcher in die Wand.

Der gute Koch rührt den Teig mit viel Gefühl.

Sechzig Neandertaler sitzen fröhlich in einer Höhle.

Ein Überraschungsei ohne Überraschung ist hohl.

Im Winter fühlen sich Hände und Füße oft kühl an.

Schreibe die Tunwörter (Verben) in den verschiedenen Formen.

	wählen		rühren		bohren	
	wähle	wählt	rührt	rühren	bohren	bohre
	wählst	wählt	rührt	rühre	bohrst	bohrt
	wählen	wählen	rührst	rühren	bohren	bohrt
ich	wähle		rühre		bohre	
du	wählst		rührst		bohrst	
er, sie, es	wählt		rührt		bohrt	
wir	wählen		rühren		bohren	
ihr	wählt		rührt		bohrt	
sie	wählen		rühren		bohren	

	belohnen		umkehren	
	belohnt	belohnt	kehren um	kehre um
	belohne	belohnst	kehren um	kehrt um
	belohnen	belohnen	kehrt um	kehrst um
ich	belohne		kehre um	
du	belohnst		kehrst um	
er, sie, es	belohnt		kehrt um	
wir	belohnen		kehren um	
ihr	belohnt		kehrt um	
sie	belohnen		kehren um	

Wortfamilien

Ordne die Wörter zu Wortfamilien.

fühlen	führen	fehlen	du führst	vorführen
Fühler	Fehler	geführt	anführen	verfehlen
Führerin	gefühlt	er führt	anfühlen	führerlos
sie fehlt	fehlbar	fühlbar	abführen	fehlerhaft
sie fühlt	Gefühl	gefehlt	fehlerlos	einfühlen
führend	du fühlst	Führung	du fehlst	aufführen

Wortstamm FÜHR

führen	du führst	vorführen
geführt	anführen	Führerin
er führt	führerlos	abführen
führend	Führung	aufführen

Wortstamm FEHL

fehlen	Fehler	verfehlen
sie fehlt	fehlbar	fehlerhaft
gefehlt	fehlerlos	du fehlst

Wortstamm FÜHL

fühlen	Fühler	gefühlt
anfühlen	fühlbar	sie fühlt
Gefühl	einfühlen	du fühlst

Unterstreiche Satzanfänge und Namenwörter (Nomen) und schreibe richtig.

in keiner höhle ist es kühler als in bens wohnung. 4

lena ist froh. ihr test ist fehlerfrei. sie hat 0 fehler. 5

süßigkeiten können zu gefährlicher karies führen. 2

wir nehmen an einer führung durch eine bahn teil. 3

sarah bohrt in stühle und umwickelt sie mit draht. 3

der lehrer bekam als lohn zehn hühner und mehl. 5

Lena ist froh. Ihr Test ist fehlerfrei.
Sie hat 0 Fehler.

Wir nehmen an einer Führung durch
eine Bahn teil.

Der Lehrer bekam als Lohn zehn
Hühner und Mehl.

In keiner Höhle ist es kühler als in
Bens Wohnung.

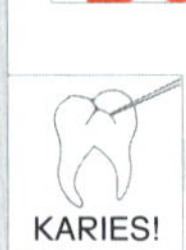

Süßigkeiten können zu gefährlicher
Karies führen.

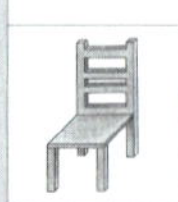

Sarah bohrt in Stühle und umwickelt
sie mit Draht.

Schreibe die Texte auf Seite 110 neben die passenden Bilder.

X	Wim ernährt sich ähnlich wie Tim ohne viel Fleisch.	h
X	Der faule Zahn ist hohl. Der Zahnarzt muss bohren.	h
X	Die Ehrlichkeit belohnt uns mit einem guten Gefühl.	h
X	Regeln für die Vorfahrt im Bahnverkehr sind streng.	h
X	Der Sturm ist sehr gefährlich. Die Boote kehren um.	h
X	Oma hat Opa gewählt und die Wahl niemals bereut.	h
X	Omis Erzählung macht uns froh. Wir fühlen uns gut.	h
X	Ein Huhn bezahlt man nicht mit Bohnen oder Draht.	h
X	Rudi rührt mehr als zehn Kilo Kakao in kühle Milch.	h

Markiere Trennstellen und schreibe die Wörter getrennt auf. 0

rüh|ren	Höh|le	Nah|rung	feh|ler|frei
Dräh|te	Leh|rer	Füh|rung	Er|zäh|lung
küh|len	wäh|len	wäh|rend	be|loh|nen

rüh-ren	Höh-le
Nah-rung	feh-ler-frei
Dräh-te	Leh-rer
Füh-rung	Er-zäh-lung
küh-len	wäh-len
wäh-rend	be-loh-nen

! Das Trennen von Wörtern mit Dehnungs-h sollte mit den Kindern besprochen werden.

Schreibe die Texte von Seite *109* neben die passenden Bilder.

Der faule Zahn ist hohl. Der Zahnarzt muss bohren.

Der Sturm ist sehr gefährlich. Die Boote kehren um.

Die Ehrlichkeit belohnt uns mit einem guten Gefühl.

Omis Erzählung macht uns froh. Wir fühlen uns gut.

Wim ernährt sich ähnlich wie Tim ohne viel Fleisch.

Regeln für die Vorfahrt im Bahnverkehr sind streng.

Oma hat Opa gewählt und die Wahl niemals bereut.

Rudi rührt mehr als zehn Kilo Kakao in kühle Milch.

Ein Huhn bezahlt man nicht mit Bohnen oder Draht.

Merkwürdige Tunwörter (Verben)

Ordne zu.

biss	zog	maß	traf	goss	fror	wog
floss	kroch	fraß	bog	riss	schob	rannte
verbot	wusste	verlor	wuchs	vergaß	kannte	schloss
schwieg	gewann	begann	schwamm	brannte	verbrannte	

beißen	ziehen	messen	treffen
sie biss	er zog	sie maß	er traf
gießen	frieren	wiegen	fließen
es goss	es fror	sie wog	es floss
kriechen	fressen	biegen	reißen
er kroch	es fraß	sie bog	er riss

schieben	rennen	verbieten
sie schob	er rannte	sie verbot
wissen	verlieren	wachsen
er wusste	er verlor	sie wuchs
vergessen	kennen	schließen
er vergaß	sie kannte	er schloss

schweigen	gewinnen
sie schwieg	er gewann
beginnen	schwimmen
es begann	sie schwamm
brennen	verbrennen
es brannte	es verbrannte

Quiz

Kreuze an.

Es ist ein abstraktes Namenwort (Nomen). Man kann es nur „fühlen".

- ☐ Paket
- ☐ Boot
- ☒ Glück
- ☐ Handy

Wörter mit den Wortbausteinen -heit, -keit und -ung sind

- ☒ Namenwörter (Nomen).
- ☐ Tunwörter (Verben).
- ☐ Wiewörter (Adjektive).

Die Wortbausteine -ig und -lich verwandeln eine Reihe von Namenwörtern (Nomen) in

- ☐ Begleiter (Artikel).
- ☐ Tunwörter (Verben).
- ☒ Wiewörter (Adjektive).

Bei welchem Wort kann man auch in der Mehrzahl kein d hören?

- ☐ Pferd
- ☒ Mädchen
- ☐ Mund
- ☐ Kleid

Welches Wort bildet mit dem Wortbaustein ver- ein sinnvolles Tunwort (Verb)?

- ☐ kichern
- ☐ grüßen
- ☐ scheinen
- ☒ schließen

Welches Wort wird auch in der Einzahl mit ä geschrieben?

- ☐ Brände
- ☐ Drähte
- ☒ Käfige
- ☐ Länder

Wie wird der lange i-Laut meistens geschrieben?

- ☐ ei
- ☐ i
- ☒ ie
- ☐ gar nicht

Wie werden Selbstlaute oder Umlaute vor doppelten Mitlauten gesprochen?

- ☐ lang oder kurz
- ☒ kurz
- ☐ lang
- ☐ halblang

Wie werden Selbstlaute oder Umlaute vor ck und tz gesprochen?

- ☐ lang oder kurz
- ☒ kurz
- ☐ lang
- ☐ halblang

Wie werden Selbstlaute oder Umlaute vor dem ß gesprochen?

- ☐ lang oder kurz
- ☐ kurz
- ☒ lang
- ☐ halblang